日本女子体育大学附属

みどり幼稚園の給食レシピ

偏食解消！

みどり幼稚園

はじめに

本園は、女子体育の母と呼ばれた二階堂トクヨの創立した
学校法人二階堂学園 日本女子体育専門学校付設みどり幼稚園として、
昭和22(1947)年に設立されました。
平成11(1999)年4月、日本女子体育大学の改組転換にともない、
日本女子体育大学附属幼稚園となりました。

2013年4月に、学校法人二階堂学園は90周年を迎えます。
本園、附属みどり幼稚園は2012年の10月に開園66年を迎えます。
そして、本園の手作りの「完全給食」の導入にも長い歴史があり、
開園当時から初代園長 二階堂清寿が、
みんなで同じものを食べることが「心の栄養」につながると考え、
50年以上前から手作り給食が導入されました。

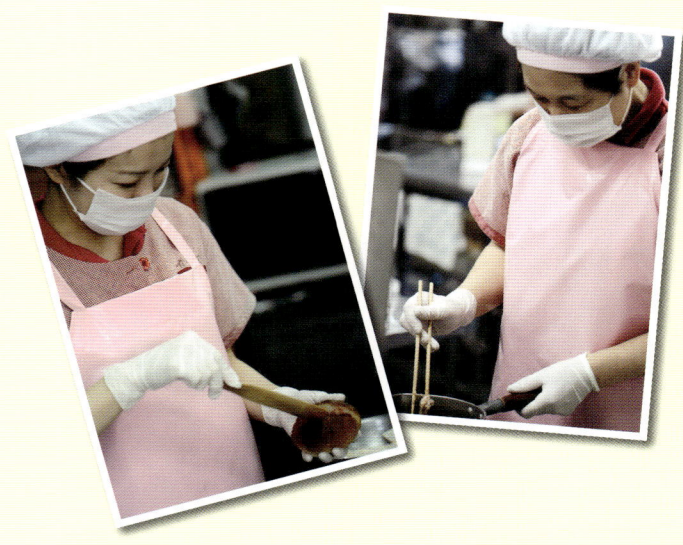

　みどり幼稚園のこどもたちの原動力となる給食の「献立」を考え、
35年間「食育」に関わってきた前管理栄養士・片寄くにこの力は大きく、
このレシピ本の献立はほとんど「伝統」として、
現在の管理栄養士や調理師、調理助手たちに受け継がれ、
今なお「おいしさ」は変わらずに新作メニューを折り込みながら、
安心と安全を基本とした「おいしい給食」が
子どもたちに提供されております。

　本園の給食は、特別な「献立」ではありませんが、
「おいしさの秘訣」は作り手の「心」が
たくさん一品一品に込められているからだと思います。
本書を手に取ってくださった方々に、子どもたちが大好きな「伝統の味」、
みどり幼稚園の「給食」をご家庭でもぜひ作っていただけたら、
とても嬉しく思います。

みどり幼稚園 園長　**松原好子**

もくじ

第1章　こどもに大人気の1ヵ月給食メニュー

- 01 トマトとなすのラザニア＆シーフードサラダ　16
- 02 ビビンバ定食　18
- 03 フルーツサンドとマカロニサラダ　20
- 04 コーンクリームスパゲティとかぼちゃのサラダ　22
- 05 千草焼きときんぴらごはん　24
- 06 ポトフとさけのマヨネーズ焼き　26
- 07 ジャージャー麺と中華風サラダ　28
- 08 五目いなりと茶わん蒸しのおひなさまランチ　30
- 09 豆腐だんごとしらすごはん　32
- 10 じゃがいものうま煮とさけごはん　34
- 11 マカロニチキングラタン　36
- 12 鶏のから揚げとたけのこごはん　38
- 13 みそおでんと菜めしのあったかごはん　40
- 14 カレーうどんとツナサラダ　42
- 15 肉だんごと野菜炒めの中華風プレート　44
- 16 チキンライスと白いんげん豆のスープ　46

第2章　ひと手間でおいしい！アイデア・レシピ11

- にんじんごはん　80
- 豆ごはん　81
- レバーかりんとう　82
- もちもちだんご　83
- 包まないワンタンスープ　84
- さんまのかば焼き　85
- ゼリーフライ　86
- 豆腐ハンバーグ　87
- 野菜チップス　88
- 牛乳寒天　89
- 七夕祭りのさけちらしスペシャル　90

⑰ ミートソーススパゲティ	48	
⑱ 白身魚のカレー風味揚げと		
ミネストローネスープ	50	
⑲ チキン南蛮と春雨サラダ、		
パフェつきプレート	52	
⑳ ロールキャベツとジャムサンド	54	
㉑ ししゃもフリッターと		
具だくさんのっぺい汁	56	
㉒ 夏野菜のラタトゥイユと		
さつまいものコロッケ	58	
㉓ 豚肉のみそカツと		
わかめごはん	60	
㉔ ドライカレーと		
手作り寒天のフルーツポンチ	62	
㉕ 野菜うどん、		
きすとさつまいもの天ぷら	64	
㉖ ボルシチとビーンズサラダ	66	
㉗ 野菜たっぷり塩焼きそばと		
大学いも	68	
㉘ ハヤシライスプレート	70	
㉙ 信田袋煮とけんちん汁	72	
㉚ 五目あんかけ焼きそば	74	
㉛ ちくわのチーズフライと		
さつまいもごはん	76	

はじめに	02
みどり幼稚園の給食の秘密	06
栄養の3色グループ「赤・黄・緑」をバランスよく食べよう!!	10
好き嫌いをなくす! 調理テクニック	12
この本の使い方	14
みどり幼稚園の食育カリキュラム	78
献立早見表	92
おわりに	94

偏食解消で大人気！残さず食べるみどり幼稚園の給食の秘密

入園したばかりのこどもたちは、ほとんどの子に偏食傾向があります。
でも、年長さんになるころには苦手なものがほぼなくなり、食欲もアップ。
こどもの食べる力を育む、4つの大切なポイントをお伝えします。

みんなで食べるから好き嫌いがなくなる！

幼稚園でみんなと一緒に給食を食べると、隣や前の席に座っている友だちに刺激され、どんなに苦手だったものでも食べられるように！

本園では「共食」をとても大切に考えています。ご家庭でも食卓できちんとこどもと向き合い、"一緒に食べること"が大切です。「幼稚園で食べた料理をこどもにせがまれ、レシピ通りに家で作ったけれど味が違うと言われた」というお母さんがたくさんいますが、それは味ではなく、環境に問題があるのではないでしょうか。どんなにおいしい料理でも、ひとりで食べるさびしい「孤食」では、味どころではありません。ママと食べる「楽しみ」が「おいしさ」につながるのですから。

また、こどもの好き嫌いは、おとなの生活習慣や、食生活の乱れが原因のひとつとも言われています。お母さんもお父さんも好き嫌いなく、こどもの前でおいしそうに食事をしてください。自然に食べられるものが増えていくでしょう。

みんなで食べるからおいしい〜！

給食だいすき♥残さず食べるよ！

ママと一緒にクッキング！作る楽しさが感性をみがく

夏休みには、こどもたちでカレーライスやパフェ、白玉団子作りにチャレンジ。冬はクリスマスケーキを教師と一緒に作ったり、餅つき大会を開催したり。ただ出てくる料理を食べるだけではなく、季節の行事にからめて、食材に触れる機会をたくさんもうけています。

幼児期からクッキングに取り組むと、食への感謝の気持ちが育ち、友だちや家族など一緒に調理する仲間とのコミュニケーション能力も育ちます。こどもが料理に感心を持ちはじめるのは、5歳ごろからといわれています。ご家庭でも、できるだけクッキングの機会を与え、チャレンジさせてあげてください。クッキングはこどもの五感をみがき、食の大切さを体感できるきっかけになるでしょう。

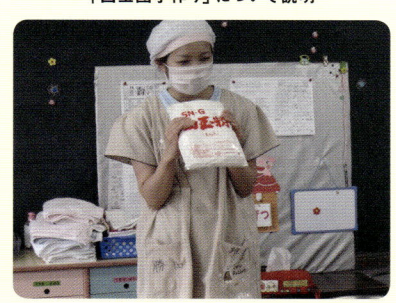
食育指導の一環。管理栄養士が園児に、「白玉団子作り」について説明

これからカレーを作るんだよ！

おかわり必至！
みどり幼稚園の人気おかずランキング BEST10

1 肉だんごあんかけ（P44）

2 ボルシチ（P66）

3 ドライカレー（P62）
4 わかめごはん（P60）
5 鶏のから揚げ（P38）
6 ロールキャベツ（P54）
7 マカロニチキングラタン（P36）
8 コーンサラダ（P36）
9 ビビンバ（P18）
10 野菜チップス（P88）

こどもの心が自然に動く "魔法のことば"

　苦手なものが食べられないこどもに、決して無理強いをしてはいけません。園の先生たちは、女優さんのように感情表現豊か。楽しい雰囲気作りを心がけています。

　ときにはリズミカルに「パックンチョ！」「カバさんのおくち、アレ！大きく開けられるかな？」と声をかけ、野菜にまつわる創作話をしたり、即興で歌ったり。「おいしいにんじんさんにな～れ♪ ちちんぷいぷい！」など、こどもの心が動いてくれるような"魔法のことば"をかけます。「少し」は「アリンコさん」、「たくさん」は「ゾウさん」、「にんじんはピョンピョンのうさぎさんが大好きなんだよ～」など、こどもの身近な言葉で話してあげるのもいいですね。自然に「ぱくっ！」と口を開けて食べてくれるまで、根気よく「魔法」をかけてください。

みんなで元気に
パックンチョ♪

ちちんぷいぷい！
おいしくなるよ

ある日の給食メニュー

みどり幼稚園給食室では、「こどもたちに"安心"で"安全"な吟味した食材を使い、"本物"の味を食べさせたい」という取り組みを広く発信。毎日の献立写真に加え、食材、産地をブログでも公開しています。
http://midori-kg.seesaa.net/

和風サラダ
- キャベツ……神奈川
- きゅうり……埼玉
- 人参……徳島
- 生わかめ……徳島
- ちくわ……青森

わかめご飯
- 米……富山
- わかめふりかけ……徳島、韓国

魚の照り焼き
- さわら……韓国

けんちん汁
- 鶏肉……徳島
- 豆腐（大豆）……アメリカ
- 油揚げ（大豆）……アメリカ
- ごぼう……青森
- 里芋……千葉
- 大根……茨城
- ネギ……千葉
- 人参……徳島

「いただきます」のあいさつが食の大切さを知るきっかけに

　ご家庭の食卓や園での給食の時間は、社会のルールやマナーを学ぶ大切な場でもあります。例えば食事の時のあいさつ。「いただきます」のなかには、動植物の命をいただくことに対する敬意の念と、それを育ててきた生産者さん、そして料理してくれた人への感謝の意味が込められています。あいさつをきちんとし、マナーを知ることで食に対する感謝の気持ちが生まれれば、食べ残しもグンと減るもの。

　また、食べ物の"赤・黄・緑"3つのグループについて説明するなど、食を知るお話会もカリキュラムに入れています。「にんじんを食べると、自分たちのカラダのなかでどんな働きをするのかな？」といった話は、食わず嫌い解消にもつながります。

　園では食事のあいさつや食事中の約束ごとを伝えるとともに、食べ残しをしないようにはげまし、好き嫌いなく食べられるよう、3年間の園生活を通して指導にあたっています。

管理栄養士の話に興味深々な顔で耳を傾ける園児たち

きちんと座って
いただきま〜す

日本女子体育大学附属
みどり幼稚園 園長
松原好子（まつばら よしこ）さん

　みどり幼稚園の園児の保護者たちから「給食だから入園を希望した。卒園するころには偏食がなくなってよかった」という感謝のことばや感想を伺います。卒園児たち本人によると、「白菜が大嫌いだったけれど、先生が食べさせようと必死にがんばっているから食べちゃった」とか、「ついつい口を開けて食べてしまった」「家庭で食べたことのないものが出ると、どんな味かわからず怖かった。でも、みんながおいしそうにしていると、食べられてしまうから不思議」などの声があがります。

　料理を作る工夫はもちろんですが、「集団の力」「一緒に食べること」が、とても大切。母と子は誰よりも近い、以心伝心の関係です。あせらずゆっくり、食の楽しさ、大切さをお子さんに伝えてください。

栄養の3色グループ「赤・黄・緑」をバランスよく食べよう!!

栄養バランスは気になるが、カロリーや栄養計算ができないと思っている人も多いはず。難しく考えずに、カラダの大事な働きをする3つの栄養素を摂り入れることを心がければOK！　1食ではなく、1週間単位でバランスをとってください。

赤

赤グループの食品は、おもに血や肉、骨になり、カラダをつくるもとになる。

【食品】肉、魚介、卵、大豆製品、乳製品など
【おもな栄養素】たんぱく質、鉄分、カルシウム

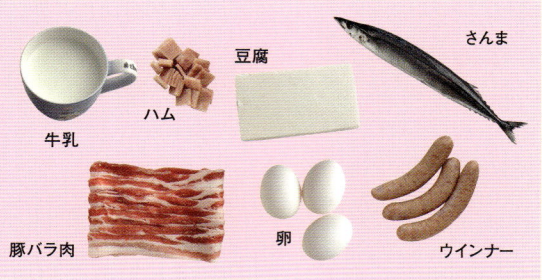

黄

黄グループの食品は、おもにカラダを動かすエネルギーのもとになる。

【食品】ごはん、パン、麺、いも、油脂など
【おもな栄養素】炭水化物（糖質）、脂質

緑

緑グループの食品は、おもにカラダの調子を整えるもとになる。

【食品】野菜、果物、きのこ、海藻など
【おもな栄養素】ビタミン、ミネラル、植物繊維

※栄養3色グループの分類は、東京都世田谷区の三色食品群に基づく

みどり幼稚園の1週間の献立は「ごはん×2」「パン×1」「麺×1」

献立の主食は、ごはんを基本に考えましょう。どんなおかずとも相性がよく、パンのようにカロリーが高くなりません。ただ、いろいろな食材を食べてほしいため、ときにはパンや麺を献立に組み込みましょう。幼稚園では週4回の給食を出していますが、ご家庭では「ごはん×4」「パン×1」「麺×2」を1週間の献立の目安とするといいでしょう。

麺の日

ソース焼きそば／ウインナー／野菜チップス

- 🔴 豚肉、ボイルウインナー
- 🟡 蒸し中華麺（小麦粉）、さつまいも
- 🟢 玉ねぎ、にんじん、ピーマン、キャベツ、かぼちゃ、れんこん

主食を麺にする場合は、副食に緑や赤のグループをプラスして、栄養のバランスをとりましょう。その場合、3品献立でOKです。

パンの日

バターロール／コロッケ／ブロッコリーサラダ

- 🔴 豚肉、卵
- 🟡 バターロール（小麦粉）、じゃがいも
- 🟢 玉ねぎ、にんじん、ブロッコリー、キャベツ、とうもろこし、ミニトマト

パンが主食だと、おかずは洋風になりますが、カロリーが高くなりがち。サラダ＋トマトなど副菜を緑グループ2品にして調整を。

管理栄養士
馬場維美（ばばまさみ）さん
日々の献立や栄養バランス、新メニューも考案する

栄養バランスを堅苦しく考えるよりも、楽しんで食べられる工夫が大切です。自分でおかずをパンに挟むなど、自由な食べ方で飽きない食卓を演出してみてはいかがでしょうか。

また、小さいころからいろいろな味を知っておくと、食の興味の幅も広がります。いつもと違う野菜などを使うなど、新しい素材にもチャレンジさせてください。

給食では、いろいろな種類の食材を組み合わせ、旬の素材や季節を意識した献立をたてています。ご家庭で作るとき、レシピ通りの食材が揃わない場合は、残りものの野菜などを上手に組み合わせて作ってください。

好き嫌いをなくす！
みどり幼稚園流・調理テクニック

50年以上も園児に給食を作り続けてきた、みどり幼稚園ならではの好き嫌いがなくなる調理テクニックをご紹介します。こどもが野菜を好きになれる食材の切り方や、味つけの工夫など、今日からすぐ実践できるものばかりです。

野菜はゴロゴロ大きく食材の形を残してカット！

みどり幼稚園の給食は、レストランのお子さまランチのような、かわいらしい見た目の料理ではありません。食材はゴロゴロと大きくカットし、素材の形はそのままに提供します。「本物を大切にしたい」、こどもたちに「あるがまま」を受け入れ、食材に親しんでもらう狙いがここにあります。じゃがいもやさつまいも、かぼちゃなどは、大きくカットすることで煮くずれを防ぐというメリットも。食べごたえも増し、こどものうちから、「本当の野菜の味」を知ることができるのです。

こども向けに作らずおとなが食べてもおいしい味に

年に一度、お父さん方に来ていただき、こどもたちと一緒に給食を食べてもらいます。「こんなにおいしい給食を食べていたのか!?」と、ほとんどのお父さんたちが驚きます。そう、みどり幼稚園では、こども向けの味に料理を作っていません。家庭で自分（こども）だけ違うものを食べていても、つまらないもの。家族みんなで食べて、みんながおいしい味、それが基本です。お父さんの晩酌のおともになりそうな「レバーかりんとう」だって、こどもの大好物なんですよ！　先生と園児、両親とお子さん、おとなもこどもも同じ食事を一緒に楽しみましょう。

ほぼすべての野菜を加熱調理
野菜が甘い！と、こどもも大喜び

O157の集団感染の事件以来、ミニトマト以外のすべての野菜を加熱調理してから出しています。今までサラダで出していた生野菜は、スチームにかけてから料理します。衛生と安全のためにはじめたことですが、加熱することで野菜本来の甘みが引き出され、園児からは「野菜が甘くておいしい！」「青臭くない！」と大好評。生よりたくさん食べられるというメリットもあります。家庭ですべての野菜にスチームをかけるのは面倒かもしれませんが、電子レンジで加熱すればあっという間。野菜嫌いなこどもには、ぜひ試してみてください。

市販の濃い味に慣れさせないで！
薄味でも満足できる調理の工夫を

みどり幼稚園の給食は、年少さんも年長さんも同じ料理を食べています。だから、塩分を摂りすぎないよう、料理はすべて薄味です。

市販品などの濃い味に慣れてしまうと、繊細な素材本来の味が感じられなくなってしまいます。だし汁の旨みや野菜の旨みを上手に引き出せば、塩気が少なくても満足できるはず。こどもの味覚は正直で、丁寧に手を抜かずに作ると食べ残しはゼロ。ご家庭でも、だし汁を丁寧にとるなどして、薄味に慣れさせてください。ただし、あまりに薄すぎると食が進まないのも事実。様子を見ながら加減してみてください。

調理師
森川千以子さん
もりかわ　ちいこ
好き嫌いなく食べられる
おいしい給食を調理

昔ながらのメニューを引き継ぎながら、ほとんどすべて手作りで給食を作っています。のっぺい汁や信田袋煮など、日本の伝統的な料理を給食に取り入れていることも食育につながります。

入園時には本当に少ししか食べられなかった園児たちも、卒園するころには食べる量が一気に増えます。

"今日の給食、おいしかった〜！"と給食室まで来てくれるほど。卒園児たちの思い出に残る味をめざして、今日も作り続けます。

この本の使い方

みどり幼稚園の給食は、基本的に主食(ごはん、パン、麺)＋メインのおかず＋副菜＋デザート／ドリンクの4品で構成されています。カレーなど主食が主菜になる場合は、3品となることもあります。

デザート／ドリンク
フルーツやヨーグルト、牛乳などをとり入れ、不足しがちなビタミンやカルシウム、植物繊維を補いましょう。栄養の3色グループでは、フルーツは「緑」。牛乳やヨーグルトは「赤」。おかずの食材に合わせて、バランスをとってください。

サブ
メインのおかずが肉や魚が中心の日には、副菜を添えて栄養の3色グループのうち「緑」をしっかりフォロー。

ごはん
白いごはんが進まないこどものために、「たけのこごはん」「きんぴらごはん」など、味つきのごはんメニューも充実。味つきごはんは栄養の3色グループ「黄」に加え、「緑」がごはんからも摂れるメリットもあります。

メイン
成長期のカラダを作るのに必要な、栄養の3色グループ「赤」を中心に構成。こどもに人気の「から揚げ」や、ごはんと一緒に食べる「ビビンバ」「ハヤシライス」などのパターンもあります。

1ヵ月の給食メニュー

カロリー表記
1人分のカロリーを表記しています。「おとな」は「こども」の1.5倍(一部のおかずやごはんは2倍、デザートやドリンクは同量で)計算を行い、小数点以下は四捨五入で表記しています。

分量
作りやすい分量として、おとな2人＋こども2人分を目安にしています。こどもは幼稚園の年長(5〜6歳)を想定していますが、こどもの成長によって調整してください。

食材について
みどり幼稚園では、グリーンピースとえび以外は冷凍食品を使っていません。ご家庭でも、なるべく旬で新鮮な食材を使って調理してください。また、野菜の種類がご家庭で難しい場合は、野菜の総量は変えずに種類を減らして作ってもいいでしょう。

ごはんについて
材料に茶わん4杯分とある場合は、おとな茶わん2杯分＋こども茶わん2杯分になります。基本的に、おとなは165g(267kcal)、こどもは110g(178kcal)としています。1合は米用の1カップ(180ml)。炊き込みごはんは2合を4人分とし、こども1：おとな2の割合でカロリー計算しました。

肉について
狂牛病の発生以来、給食では牛肉を扱っていません。ハヤシライスやビビンバなど、ご家庭では牛肉に変えてアレンジしてください。牛肉を使う場合、レシピにあるバターは不用になります。

栄養の3色グループ
P10-11で紹介した栄養の3色グループ「赤・黄・緑」別に食材を分類しています。バランスの良い献立作りに役立ててください。

POINT
みどり幼稚園給食室から、調理のワンポイントアドバイスを紹介。

だし汁について
だし汁はかつお節と昆布でとったものを使用しています。かつお節は調理用ではなく、だし用のものを使ってください。市販のだしのもとを使う場合は、塩分が入っていることもあるので塩加減に注意しましょう。だし汁は冷蔵で2〜3日保存可能です。

だし汁のとり方
鍋に水5カップ(1ℓ)、昆布10cm角1枚を入れて火にかける。煮立ったら昆布を取り出し、花かつお30gを入れてすぐ火を止める。ざるにキッチンペーパーを敷いてだし汁をこす。

第1章
残さず食べちゃう！
こどもに大人気の1ヵ月給食メニュー

ときには珍しい野菜をプラスして、新しい味にチャレンジ！

MENU 01

トマトとなすのラザニア＆シーフードサラダ

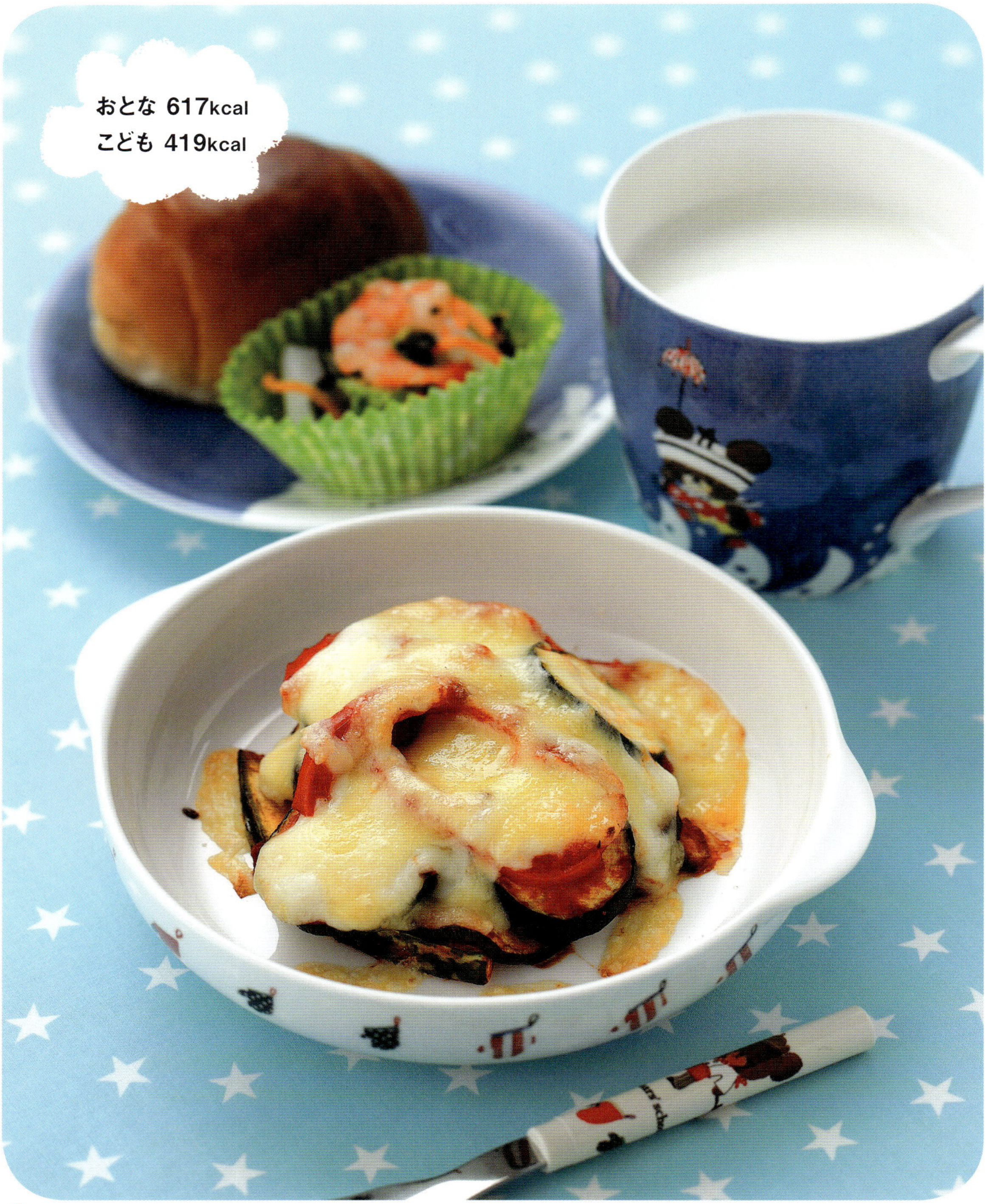

おとな 617kcal
こども 419kcal

トマトとなすのラザニア

材料（おとな2人分+こども2人分）

おとな 192kcal
こども 128kcal

なす……2本
ズッキーニ……1/2本
パプリカ（赤）……1/2個
かぼちゃ……200g
トマト……1/2個
トマトソース（市販品）……3/4カップ
シチューのルウ（市販品）……20g
牛乳……1/2カップ
とろけるチーズ……50g

作り方

1. なすとズッキーニは1cm幅の輪切りにし、なすのみ水にさらす。パプリカはせん切りに、かぼちゃは1cm厚さのくし形に切る。
2. トマトは半月切りにする。
3. オーブンの天板にオーブンシートを敷いて**1**を並べ、180℃に温めたオーブンで約5分焼く。
4. 鍋にトマトソースを入れて火にかけ、**3**を入れて混ぜる。
5. 別の鍋にシチュールウと牛乳を入れて火にかけ、ソースを作る。
6. グラタン皿に**4**の具を入れ、**2**を乗せる。**5**のソースをかけ、とろけるチーズを散らす。180℃に温めたオーブンで、約10分焼く。

バターロール

材料（おとな2人分+こども2人分）

おとな 222kcal
こども 111kcal

バターロール……6個
（こども1人1個、おとな1人2個）

シーフードサラダ

材料（おとな2人分+こども2人分）

おとな 69kcal
こども 46kcal

えび（むき身）……50g
いか……50g
にんじん……1/5本
キャベツ……3枚
わかめ（生）……8g
A｜酢……小さじ1
　｜砂糖……大さじ1/2
　｜塩……小さじ1/3
　｜サラダ油……小さじ2

作り方

1. えびは背ワタを取って横半分に切る。いか、にんじん、キャベツはせん切りにする。わかめは水で洗って食べやすい大きさに切る。
2. えびといか、にんじんはラップで包み、それぞれ電子レンジで約2分ずつ加熱する。キャベツとわかめも同様に約1分加熱する。
3. Aを混ぜ合わせ、**2**をあえる。

牛乳

材料（4人分／おとな、こども同量）

おとな 134kcal
こども 134kcal

牛乳……4カップ
（1人1カップ）

● チーズ、牛乳、えび、いか

● パン、サラダ油

● なす、ズッキーニ、パプリカ、かぼちゃ、トマト、わかめ

パプリカなど、「いつもは緑色のピーマンが赤いの!?」とこどもは驚くかもしれませんが、おとながおいしそうに食べれば、安心して食べてくれます。ラザニアのズッキーニとかぼちゃをオーブンで焼くときは、ほかの野菜よりも長めに火を入れましょう。

MENU 02

幼稚園では園児も先生からも大人気！ごはんとよく混ぜて食べて

ビビンバ定食

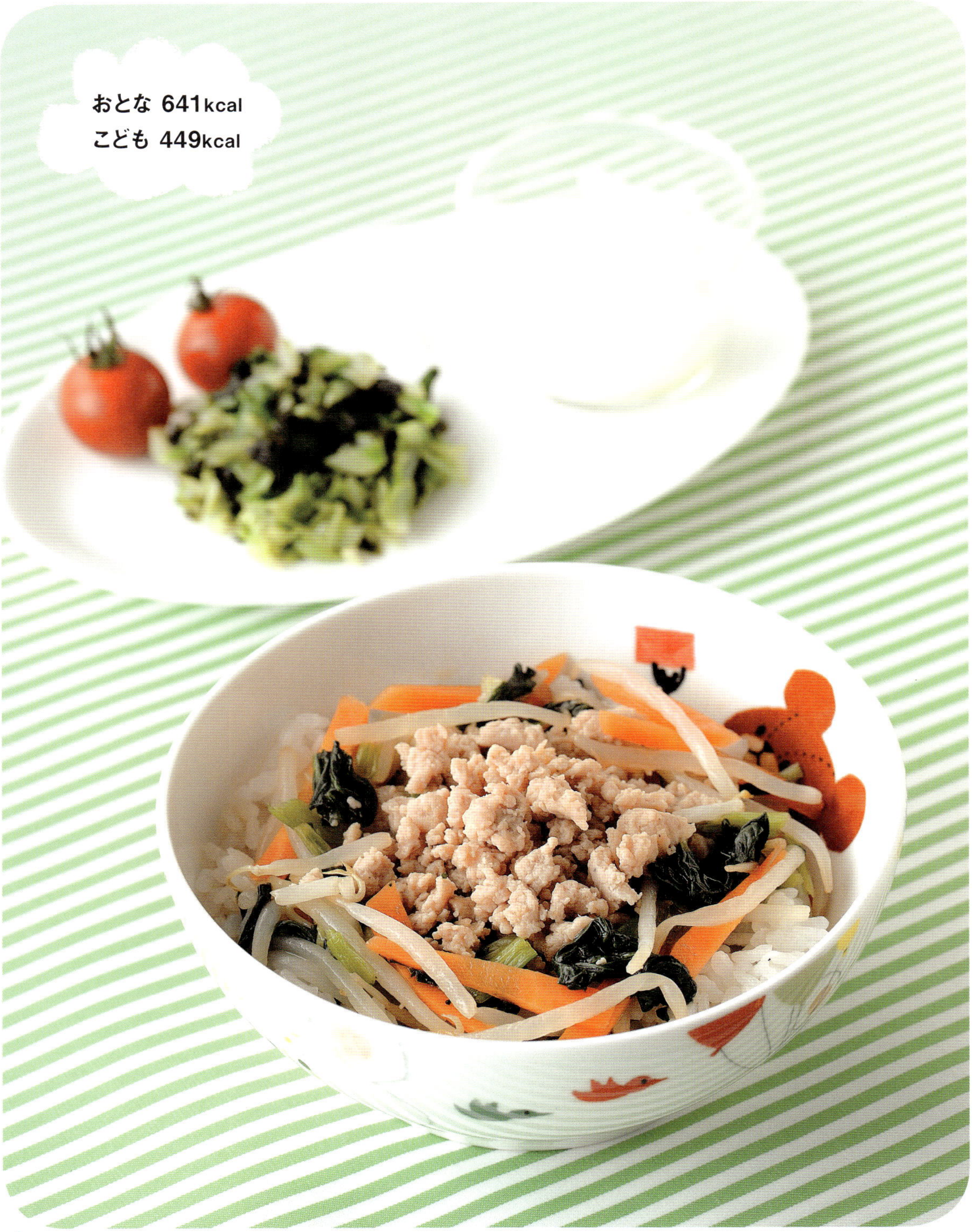

おとな 641kcal
こども 449kcal

 ビビンバ

材料（おとな2人分+こども2人分）

おとな 531kcal
こども 354kcal

ごはん……茶わん4杯分
豚ひき肉……150g
鶏ひき肉……150g
小松菜……3株
にんじん……1/3本
もやし……150g
サラダ油……少々

A｜こしょう……少々
　｜しょうゆ……大さじ1 1/2
　｜砂糖……大さじ1
　｜ごま油……小さじ2
　｜にんにく（すりおろす）……小さじ1～2

B｜しょうゆ……小さじ2
　｜砂糖……小さじ2
　｜ごま油……小さじ1 1/2

作り方

1. ボウルに豚肉と鶏肉を入れ、よくこねる。混ぜ合わせたAを加えて混ぜ、約30分おく。
2. 小松菜はゆでて水気を絞り、3cm長さに切る。にんじんはせん切りにし、もやしとともにゆでて水気をきる。混ぜ合わせたBであえる。
3. フライパンにサラダ油を熱し、**1**をポロポロになるまで炒める。
4. どんぶりにごはんを盛り、**2**と**3**をのせる。

わかめサラダ

材料（おとな2人分+こども2人分）

おとな 44kcal
こども 29kcal

わかめ（生）……10g
キャベツ……3枚
きゅうり……1/3本

A｜酢……小さじ1
　｜砂糖……大さじ1/2
　｜しょうゆ……小さじ1
　｜サラダ油……小さじ2

作り方

1. わかめは水で洗ってさっとゆで、食べやすい大きさに切る。キャベツは2cm角に、きゅうりは輪切りにする。ラップで包み、それぞれ電子レンジで1分ずつ加熱する。
2. Aを混ぜ合わせ、**1**をあえる。

 ミニトマト

材料（4人分／おとな、こども同量）

おとな 6kcal
こども 6kcal

ミニトマト……8個
（1人2個）

 ヨーグルト

材料（4人分／おとな、こども同量）

おとな 60kcal
こども 60kcal

ヨーグルト（加糖）……280g
（1人70g）

● 豚肉、鶏肉、ヨーグルト
● ごはん、ごま油
● 小松菜、にんじん、もやし、わかめ、キャベツ、ミニトマト

POINT

本格的なビビンバのように牛肉は使いませんが、豚と鶏肉をミックスすることで、あっさりしているけれど、深みのあるおいしさに仕上がります。風味づけのごま油は、お好みで量を加減してください。

ふわふわのサンドイッチに、かみごたえのあるスープをプラス

MENU 03

フルーツサンドとマカロニサラダ

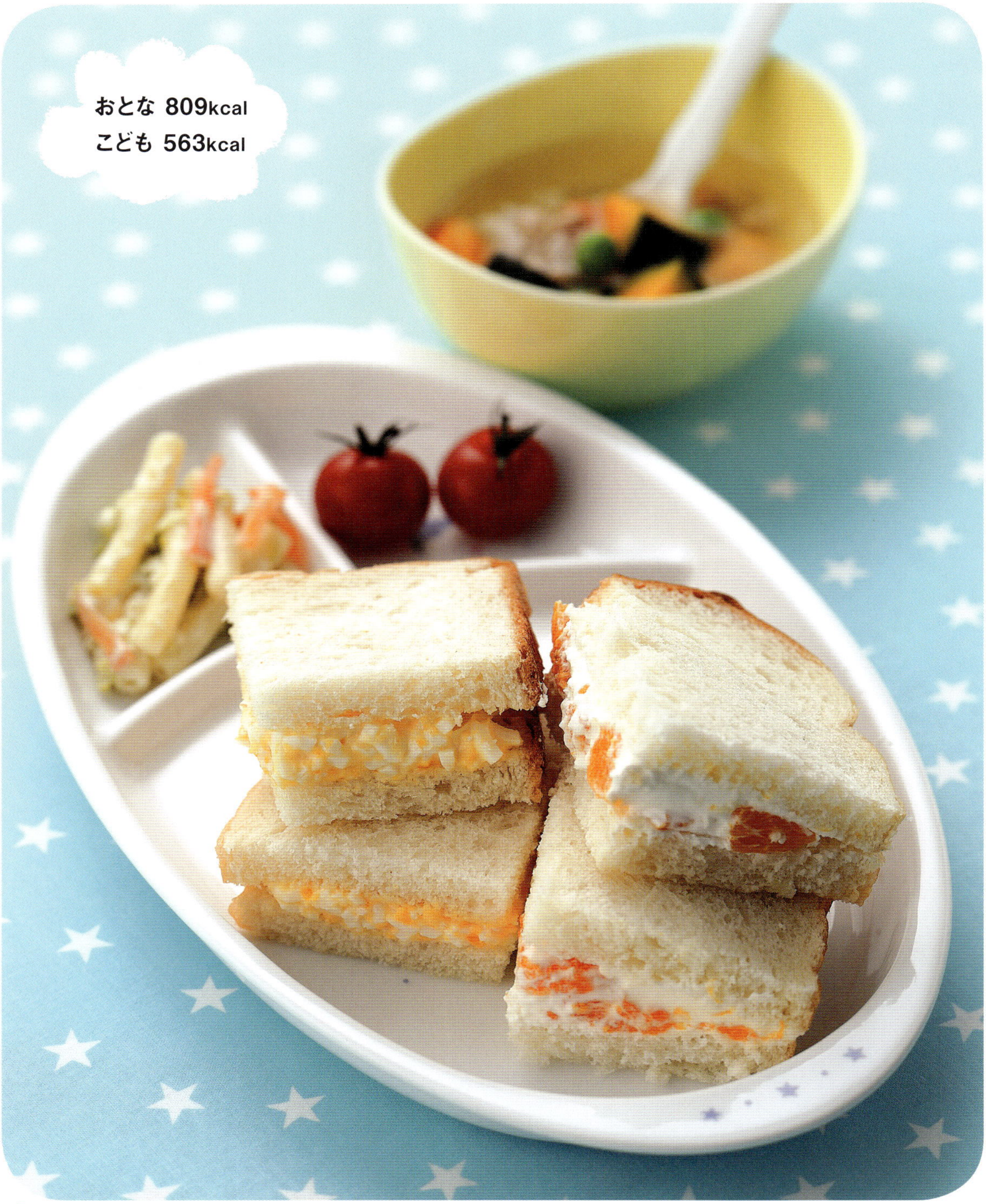
おとな 809kcal
こども 563kcal

マカロニサラダ

おとな 173kcal / こども 115kcal

材料（おとな2人分＋こども2人分）

- マカロニ……40g
- キャベツ……2枚
- きゅうり……1/3本
- にんじん……1/5本
- 粒コーン缶……大さじ2
- マヨネーズ……大さじ4

作り方

1. マカロニは塩ゆでする（塩は分量外）。
2. キャベツは2cm角に、きゅうりは半月切りに、にんじんはせん切りにする。キャベツときゅうりはラップで包み、電子レンジで約1分ずつ加熱する。にんじんも同様に約2分加熱する。
3. 1、2、コーンを混ぜ、マヨネーズであえる。

かぼちゃのスープ

おとな 134kcal / こども 89kcal

材料（おとな2人分＋こども2人分）

- かぼちゃ……200g
- にんじん……1/5本
- 玉ねぎ……1/2個
- サラダ油……小さじ2
- 豚ひき肉……50g
- グリーンピース（冷凍）……大さじ1（山盛り）
- 塩……小さじ1/3
- 顆粒コンソメスープの素……小さじ2

作り方

1. かぼちゃは2cm角に切る。にんじん、玉ねぎはみじん切りにする。
2. 鍋にサラダ油を熱し、豚肉を炒める。1を炒め合わせ、水4カップ（分量外）を加えて煮る。
3. グリーンピースを入れ、塩とコンソメで調味する。

フルーツサンド＆卵サンド

おとな 496kcal / こども 353kcal

材料（おとな2人分＋こども2人分）

- 食パン（1斤・10枚切り）……10枚（300g）
- A
  - 生クリーム……80ml
  - 砂糖……小さじ2
  - みかん缶……60g
- B
  - ゆで卵……2個
  - マヨネーズ……大さじ4
  - 塩……少々

作り方

1. ボウルにAの生クリームと砂糖を入れて泡だてる。みかん缶の汁気をきって、生クリームと混ぜる。
2. 食パン3枚に1をぬり、パン1枚ずつを重ねてサンドする。4等分に切る。
3. Bのゆで卵は細かく刻み、マヨネーズと塩を混ぜる。
4. 食パン2枚に3をぬり、パン1枚ずつを重ねてサンドする。4等分に切る。
（こども1人4切れ、おとな1人6切れ）

ミニトマト

おとな 6kcal / こども 6kcal

材料（4人分／おとな、こども同量）

- ミニトマト……8個
  （1人2個）

- 🔴 豚肉、卵、生クリーム
- 🟡 パン、マカロニ、マヨネーズ
- 🟢 キャベツ、にんじん、かぼちゃ、玉ねぎ、きゅうり、とうもろこし、ミニトマト、みかん

POINT

フルーツサンドは、ほかのフルーツ缶や洋なし、いちご、バナナなどをはさんでもおいしいですよ。卵サンドにマヨネーズを使うので、ミニトマトも加えて、味をさっぱりさせましょう。

MENU 04

カルシウムたっぷりのスキムミルクで作る、お手軽ホワイトソース

コーンクリームスパゲティとかぼちゃのサラダ

おとな 654kcal
こども 473kcal

コーンクリームスパゲティ

材料（おとな2人分＋こども2人分）

おとな 458kcal
こども 305kcal

- ベーコン……4枚
- 玉ねぎ……1/2個
- しめじ……50g
- スパゲティ（乾麺）……200g
- オリーブ油……大さじ1
- A
  - クリームコーン缶……170g
  - 牛乳……1/2カップ
  - スキムミルク……大さじ1
- 塩……小さじ1/2
- こしょう……少々
- 顆粒コンソメスープの素……小さじ1

作り方

1. ベーコン、玉ねぎはせん切りにする。しめじは小房に分ける。
2. スパゲティは好みの固さに塩ゆでする（塩は分量外）。
3. 鍋にオリーブ油を熱し、ベーコンと玉ねぎを炒める。玉ねぎがやわらかくなったら、しめじを炒め合わせる。
4. 3にAを入れて火にかけ、よく混ぜる。塩、こしょう、コンソメで調味する。スパゲティを加えて混ぜる。

 ## かぼちゃのサラダ

材料（おとな2人分＋こども2人分）

おとな 84kcal
こども 56kcal

- かぼちゃ……130g
- きゅうり……1/3本
- キャベツ……2枚
- A
  - 酢……小さじ1/3
  - 砂糖……小さじ1
  - 塩……少々
  - サラダ油……小さじ1/2
  - マヨネーズ……大さじ1

作り方

1. かぼちゃは皮つきのまま2～3cm角に切り、ラップで包んで電子レンジで約5分加熱する。
2. きゅうりは半月切りに、キャベツは2cm角に切る。ラップで包み、それぞれ電子レンジで1分ずつ加熱する。
3. 1、2を合わせ、混ぜ合わせたAであえる。

 ## ぶどう

材料（4人分／おとな、こども同量）

おとな 18kcal
こども 18kcal

- ぶどう……8粒
  （1人2粒）

 ## りんごジュース

材料（4人分／おとな、こども同量）

おとな 94kcal
こども 94kcal

- りんごジュース……4カップ
  （1人1カップ）

- 🔴 ベーコン、牛乳、スキムミルク
- 🟡 スパゲティ、マヨネーズ、りんごジュース
- 🟢 玉ねぎ、しめじ、かぼちゃ、きゅうり、キャベツ、とうもろこし、ぶどう

POINT

クリームコーンを使ったとろみのあるホワイトソースなので、麺によくからみ、フォークがうまく使えない年少さんでも食べやすいパスタです。

MENU 05

しみじみおいしい日本の伝統的な味を、こどものころから味わって

千草焼きときんぴらごはん

おとな 652kcal
こども 440kcal

千草焼き(ちぐさ)

材料（おとな2人分＋こども2人分）

おとな 179kcal
こども 119kcal

木綿豆腐……1/2丁
にんじん……1/7本
サラダ油……小さじ1
鶏ひき肉……50g
グリンピース（冷凍）……大さじ1（山盛り）
A ┃ しょうゆ……大さじ1/2
  ┃ 砂糖……大さじ1
  ┃ だし汁（かつお・昆布）……1/3カップ
溶き卵……3個分（Mサイズ）
B ┃ しょうゆ……小さじ1
  ┃ 砂糖……小さじ2

作り方

1. 豆腐はペーパータオルで包み、重石を約30分のせて水きりする。にんじんはみじん切りにする。
2. 鍋にサラダ油を熱し、鶏肉とにんじんを炒める。グリンピースとAを加えて煮る。
3. 豆腐ははしでこまかくほぐし、B、2と混ぜ合わせる。型（10×10cmのアルミホイル型）に流し入れる。
4. オーブンを170℃に温め、約15分焼く。粗熱がとれたら食べやすい大きさに切る。

 ## きんぴらごはん

材料（おとな2人分＋こども2人分）

おとな 428kcal
こども 285kcal

豚ロース肉（薄切り）……80g
ごぼう……5cm
にんじん……1/4本
しらたき……60g
さやいんげん……2本
ごま油……小さじ1
しょうゆ……小さじ2
砂糖……大さじ1/2
バター……大さじ1
ごはん……茶わん4杯分
白炒りごま……小さじ2

作り方

1. 豚肉とにんじんはせん切りにする。ごぼうはささがきにして水にさらす。
2. しらたきはゆでて2～3cm長さに切る。いんげんはゆでて薄い斜め切りにする。
3. 鍋にごま油を熱し、ごぼうを炒める。豚肉、にんじん、しらたきを加えて炒め合わせ、しょうゆと砂糖を入れて煮からめる。
4. バターを加えて火を止める。炊きたてのごはんに混ぜ、ごまといんげんを散らす。

 ## 白菜のおかかあえ

材料（おとな2人分＋こども2人分）

おとな 27kcal
こども 18kcal

白菜……2枚
ほうれん草……2株
しょうゆ……大さじ1/2
かつお節……10g

作り方

1. 白菜はゆでて2cm角に切る。
2. ほうれん草はゆでて冷水にさらし、2cm幅に切る。
3. 水気をきった1、2を混ぜ合わせ、しょうゆ、かつお節であえる。

 ## ぶどう

材料（4人分／おとな、こども同量）

おとな 18kcal
こども 18kcal

ぶどう……8粒
（1人2粒）

POINT

いろいろな具を細かく刻んで卵に加える「千草焼き」。オーブンで焼くので、具だくさんでも失敗なくきれいに作ることができます。具はあまり大きく切らないほうが、食感がいいでしょう。

- 🔴 豆腐、鶏肉、豚肉、卵
- 🟡 ごはん、ごま油、バター
- 🟢 にんじん、白菜、ほうれん草、ごぼう、しらたき、グリンピース、ぶどう

マヨネーズの焼けた香りが食欲をそそる、洋風の献立です

MENU 06

ポトフと さけのマヨネーズ焼き

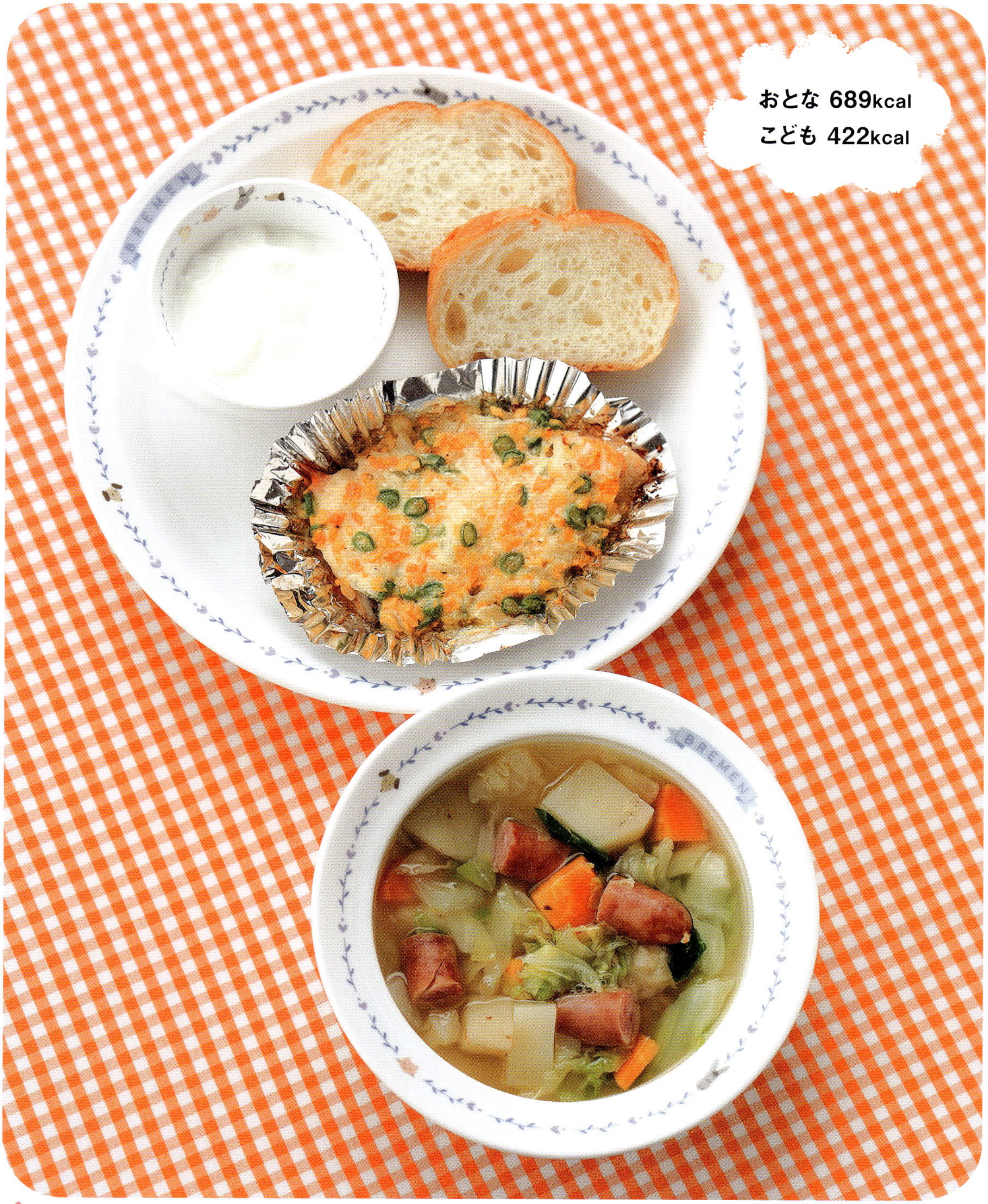

おとな 689kcal
こども 422kcal

さけのマヨネーズ焼き

材料（おとな2人分＋こども2人分）

おとな 344kcal
こども 172kcal

さけの切り身……大3切れ（約300g）
玉ねぎ……1/4個
にんじん……25g
いんげん……2本

A ｜ 塩……少々
　｜ マヨネーズ……大さじ5
　｜ みそ……小さじ1
　｜ バター……小さじ1/2

作り方

1. さけは長さを4等分に切る。
2. 玉ねぎ、にんじん、いんげんはみじん切りにする。ボウルに入れ、Aを入れて混ぜる。
3. グラタン皿またはアルミホイルに**1**を置いて**2**をかける。220℃に温めたオーブンで、約15分焼く
（こども1人2切れ、おとな1人4切れ）

フランスパン

材料（おとな2人分＋こども2人分）

おとな 105kcal
こども 70kcal

フランスパン……130g

作り方

1. フランスパンは食べやすい大きさに切る。

ヨーグルト

材料（4人分／おとな、こども同量）

おとな 60kcal
こども 60kcal

ヨーグルト（加糖）……280g
（1人70g）

ポトフ

材料（おとな2人分＋こども2人分）

おとな 180kcal
こども 120kcal

鶏もも肉（皮つき）……80g
ウインナー……4本
にんじん……1/5本
玉ねぎ……1/2個
じゃがいも……1個
キャベツ……3枚
顆粒コンソメスープの素……小さじ2
塩、こしょう……各少々

作り方

1. 鶏もも肉はひと口大に切る。ウインナーは2cm長さに切る。
2. にんじんはいちょう切り、玉ねぎ、じゃがいも、キャベツは3cm角に切る。
3. 鍋に**2**、水4カップ（分量外）を入れて煮る。ひと煮たちしたら**1**、コンソメを入れ、野菜がやわらかくなるまで煮る。塩、こしょうで味を整える。

● さけ、鶏肉、ウインナー、ヨーグルト
● パン、じゃがいも、マヨネーズ
● 玉ねぎ、にんじん、いんげん、キャベツ

POINT

ポトフはあまり大きく野菜を切らず、冷蔵庫にあるものでいいので、なるべくたくさんの種類の野菜を入れてください。おいしいウインナーを使うと、スープがよい味に仕あがります。

野菜がたっぷり入った中華版ミートソースは、園児の大好物！

MENU 07

ジャージャー麺と中華風サラダ

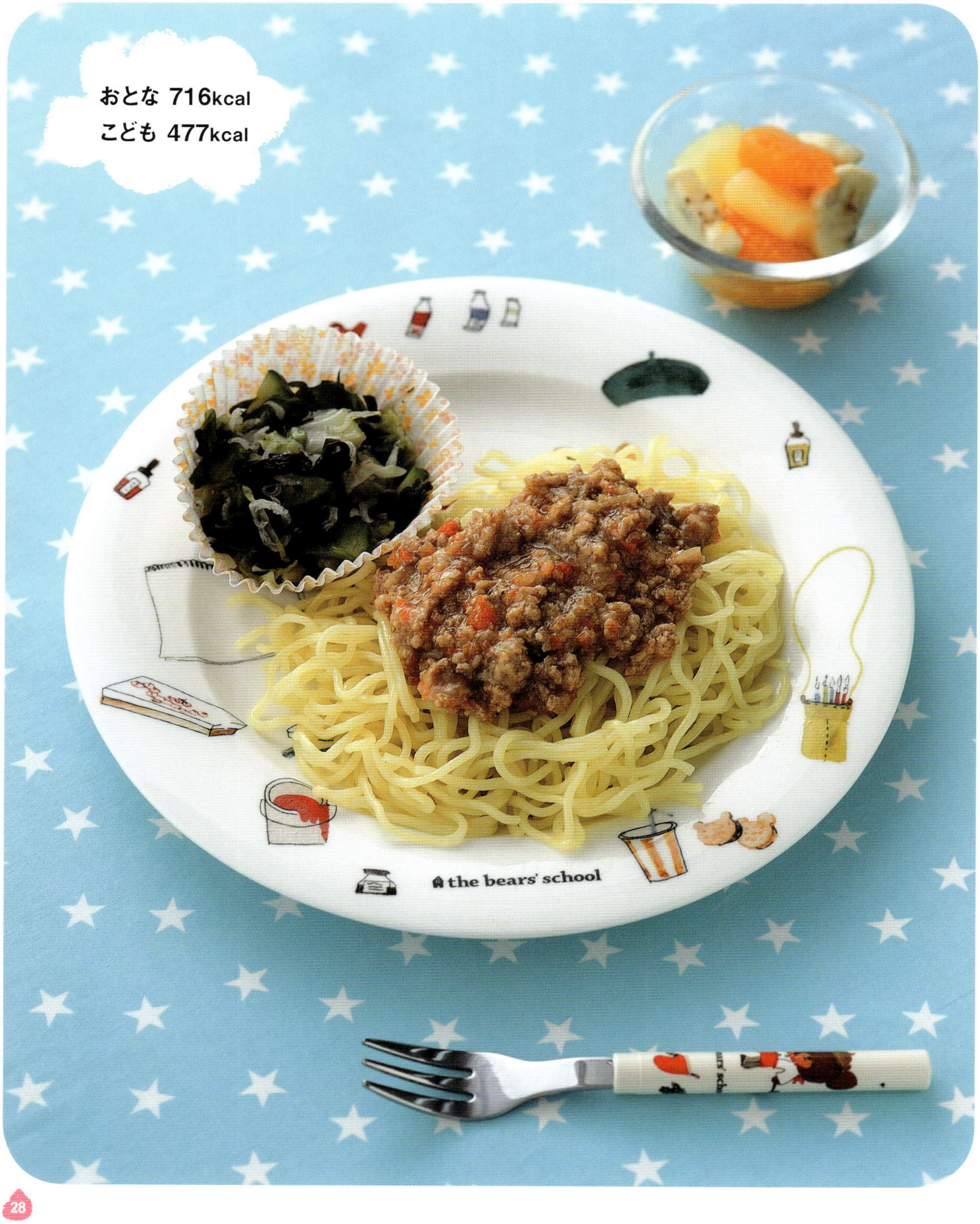
おとな 716kcal
こども 477kcal
the bears' school

ジャージャー麺

材料（おとな2人分+こども2人分）

おとな 555kcal
こども 370kcal

にんじん……1/3本
玉ねぎ……1個
サラダ油……適量
豚ひき肉……300g
水溶き片栗粉（片栗粉小さじ2、水小さじ2）
蒸し中華麺……3玉（450g）
A｜にんにく（すりおろす）……小さじ1
　｜しょうが（すりおろす）……小さじ1
　｜砂糖……大さじ1　1/2
　｜みそ……大さじ1　1/3
　｜しょうゆ……大さじ1

作り方

1. にんじん、玉ねぎはみじん切りにする。
2. フライパンにサラダ油少々を熱し、豚肉、1を炒める。火が通ったら、混ぜ合わせたAで調味する。水溶き片栗粉をまわしかけ、とろみをつける。
3. 別のフライパンにサラダ油少々を熱し、中華麺を炒めてほぐす。器に盛り、2をかける。

フルーツのシロップあえ

材料（おとな2人分+こども2人分）

おとな 107kcal
こども 71kcal

バナナ……大1本
もも缶（黄桃）……80g
みかん缶……80g
パイン缶……80g
A｜砂糖……大さじ3
　｜水……大さじ3

作り方

1. バナナは半月切りにする。フルーツは食べやすい大きさに切る。
2. 小鍋にAを入れて煮つめ、シロップを作る。粗熱がとれたら、1をあえる。

中華風サラダ

材料（おとな2人分+こども2人分）

おとな 54kcal
こども 36kcal

キャベツ……3枚
きゅうり……1/3本
わかめ（生）……8g
しらす干し……大さじ2
A｜酢……小さじ1
　｜砂糖……大さじ1/2
　｜しょうゆ……小さじ2/3
　｜ごま油……小さじ2

作り方

1. キャベツは2cm角に、きゅうりは半月切りに、わかめは水で洗って1cm幅に切る。
2. 1をラップで包み、それぞれ電子レンジで約1分ずつ加熱する。しらすも同様に約1分加熱する。
3. 混ぜ合わせたAで2をあえる。

● 豚肉、しらす
● 中華麺、砂糖
● にんじん、玉ねぎ、キャベツ、きゅうり、わかめ、バナナ、もも、みかん、パイン

POINT

しっかりとした味の主菜なので、サブのサラダは酢の物であっさりとさせましょう。シロップあえのシロップは作り置きもOK。冷蔵庫に入れて1週間以内に使いきって。

甘く煮含めたお揚げに、赤・黄・緑の３色の栄養がぎっしり！

MENU 08

五目いなりと茶わん蒸しのおひなさまランチ

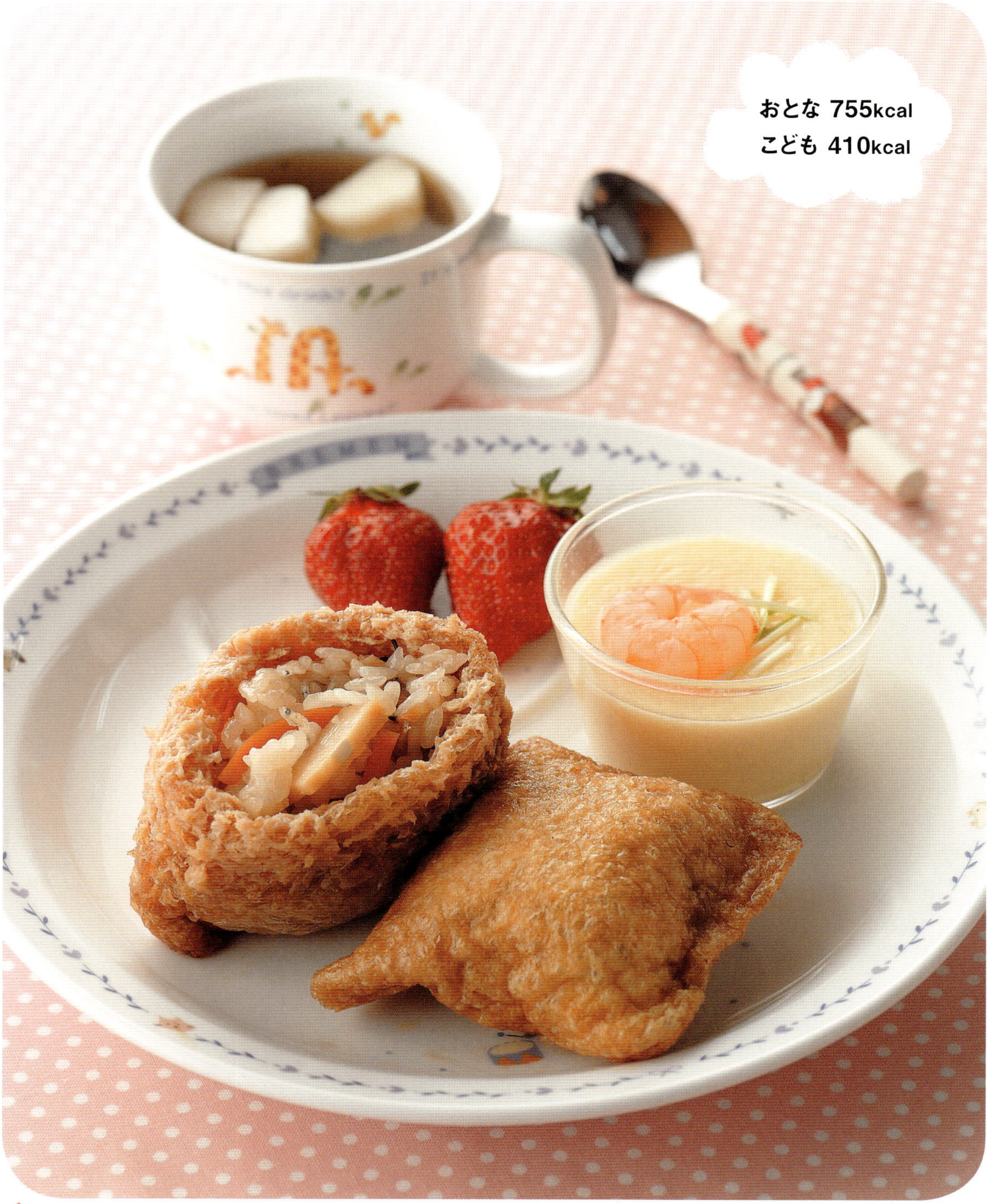

おとな 755kcal
こども 410kcal

五目いなりずし

材料（作りやすい量）

おとな 672kcal
こども 336kcal

米……2合
昆布……5cm
しらす干し……大さじ2
油揚げ……10枚
ひじき（乾燥）……8g
にんじん……40g
たけのこ（水煮）……40g
れんこん……40g
A ｜ 酢……大さじ3
　｜ 砂糖……大さじ1 1/2
　｜ 塩……小さじ1/2
B ｜ だし汁（かつお・昆布）……1 1/2カップ
　｜ しょうゆ……大さじ2 1/2
　｜ 砂糖……大さじ7
　｜ みりん……小さじ1
C ｜ 砂糖・しょうゆ……各小さじ1
D ｜ だし汁（かつお・昆布）……3/4カップ
　｜ しょうゆ……大さじ1/2
　｜ みりん……大さじ1/2
　｜ 砂糖……大さじ1
（こども1人2個、おとな1人4個）

作り方

1. 米は炊く30分以上前に洗って炊飯釜に入れ、水1 1/2カップ（分量外）と昆布を加えて固めに炊く。
2. 小鍋にAを煮たたせ、すし酢を作る。しらすを混ぜる。
3. 油揚げは半分に切って袋状に開く。熱湯にくぐらせ、油抜きする。鍋にBとともに入れ、落としぶたをして中火よりやや弱めの火加減で、煮汁が1/4量になるくらいまでゆっくり煮込む。
4. ひじきは水でもどして洗い、水気をきる。別の鍋にCとともに入れ、弱火で煮る。
5. にんじん、たけのこ、れんこんは1cm長さのせん切りにする。別の鍋にD、にんじん、たけのこを入れ、弱火でさっと煮る。れんこんを加え、煮汁がなくなるまで混ぜながら煮る。
6. 炊きあがったごはんをボウルにあけ、**2**のすし酢を加えて切るように混ぜる。**4**、**5**も加えて混ぜる。**3**の油揚げに酢めしを詰める。

POINT

おいなりさんはちょっと手間がかかりますが、それだけの価値があるおいしさ。甘辛いおいなりさんには、淡白でツルンと食べ心地のいい茶碗蒸しを添えて。

茶わん蒸し

材料（4人分／おとな、こども同量）

おとな 42kcal
こども 42kcal

えび（むき身）……4尾
三つ葉……少々
溶き卵……2個分
A ｜ だし汁（かつお・昆布）……180ml
　｜ 塩……小さじ1/3
　｜ しょうゆ……小さじ1/3

作り方

1. えびは背ワタを取る。三つ葉は細かく刻む。
2. 溶き卵にAを混ぜ合わせ、4つの容器に等分に流し入れる。**1**をのせる。
3. 蒸気のたった蒸し器で、約12分蒸す。

菜の花のすまし汁

材料（おとな2人分＋こども2人分）

おとな 27kcal
こども 18kcal

菜の花……50g
はんぺん……1/2枚
だし汁（かつお・昆布）……4カップ
しょうゆ……大さじ1
塩……小さじ1/2

作り方

1. 菜の花はゆでて2cm長さに切る。はんぺんは2cm角に切る。
2. 鍋にだし汁を入れて火をかけ、煮たったらしょうゆと塩で調味する。**1**を入れて煮る。

いちご

材料（4人分／おとな、こども同量）

おとな 14kcal
こども 14kcal

いちご……8粒
（1人2粒）

🔴 油揚げ、しらす、えび、卵、はんぺん

🟡 ごはん

🟢 ひじき、にんじん、たけのこ、れんこん、菜の花、いちご

MENU 09

外はかりっ、中はふわっ！薄味なのにケチャップなしでもおいしい

豆腐だんごとしらすごはん

おとな 702kcal
こども 442kcal

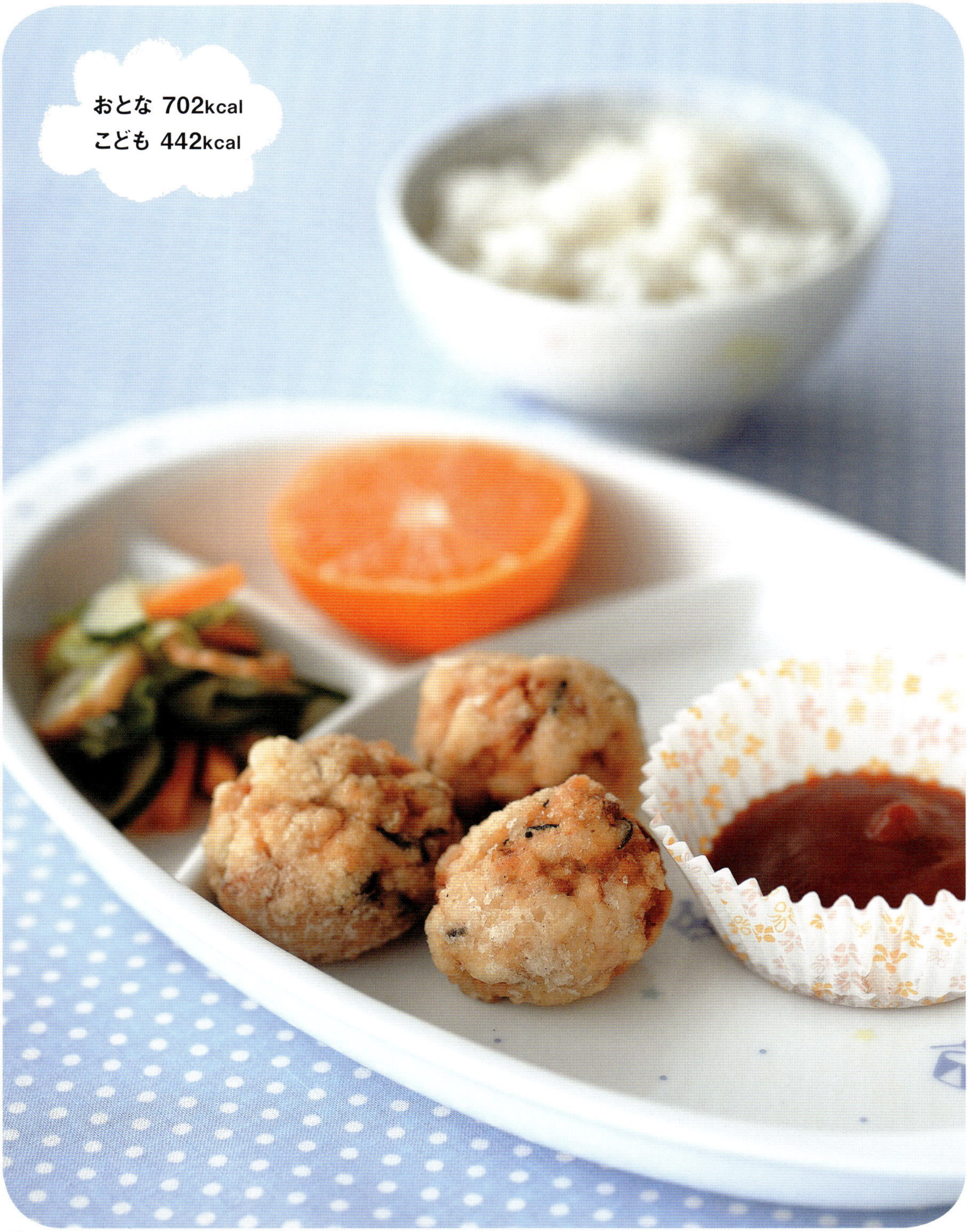

豆腐だんご

材料（おとな2人分＋こども2人分）

おとな 324kcal
こども 195kcal

木綿豆腐……1丁
ひじき（乾燥）……2g
砂糖……小さじ1/2
しょうゆ……少々
ハム……3枚
長ねぎ……1/3本
豚ひき肉……130g
A｜塩……少々
　｜しょうゆ……少々
　｜溶き卵……1/2個分
片栗粉……大さじ3
揚げ油……適量
ケチャップ……適量

作り方

1. 豆腐はペーパータオルで包み、重石を約30分のせて水きりする。ひじきは水でもどして洗い、水気をきる。
2. ひじきは砂糖、しょうゆで調味し、粗みじん切りにする。ハム、長ねぎはみじん切りにする。
3. ボウルに豚肉、1、2、Aを入れ、よく混ぜ合わせる。16等分にし、だんごに丸めて片栗粉をつける。
4. 170℃に熱した揚げ油で揚げる。器に盛り、好みでケチャップをつける。
（こども1人3個、おとな1人5個）

しらすごはん

材料（おとな2人分＋こども2人分）

おとな 278kcal
こども 185kcal

ごはん……茶わん4杯分
しらす干し……大さじ2

作り方

1. 炊きたてのごはんに、しらすを混ぜる。

みかん

材料（おとな2人分＋こども2人分）

おとな 28kcal
こども 14kcal

みかん…3個
（こども1人1/2個、おとな1人1個）

ちくわサラダ

材料（おとな2人分＋こども2人分）

おとな 72kcal
こども 48kcal

焼きちくわ……1/2本
きゅうり……1/3本
にんじん……1/4本
キャベツ……2枚
A｜酢……小さじ1
　｜砂糖……大さじ1/2
　｜しょうゆ……小さじ1
　｜サラダ油……大さじ1

作り方

1. ちくわは薄い輪切りに、きゅうりは輪切り、にんじんはいちょう切りに、キャベツは2cm角に切る。
2. 1をラップで包み、にんじんは約2分、残りはそれぞれ電子レンジで約1分ずつ加熱する。
3. Aを混ぜ合わせ、2をあえる。

● 豆腐、豚肉、ハム、ちくわ、しらす
● ごはん、揚げ油
● ひじき、きゅうり、にんじん、キャベツ、みかん

POINT

おとなは豆腐だんごにしょうがじょうゆや、辛子じょうゆをつけて食べてもOK。ひじきは下味をつけておくと、全体の味がぼやけません。

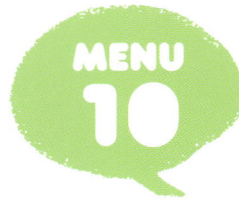

ごろっと大きく切るから、 おいもがホクホクに煮える肉じゃが風。

MENU 10

じゃがいものうま煮とさけごはん

おとな 603kcal
こども 405kcal

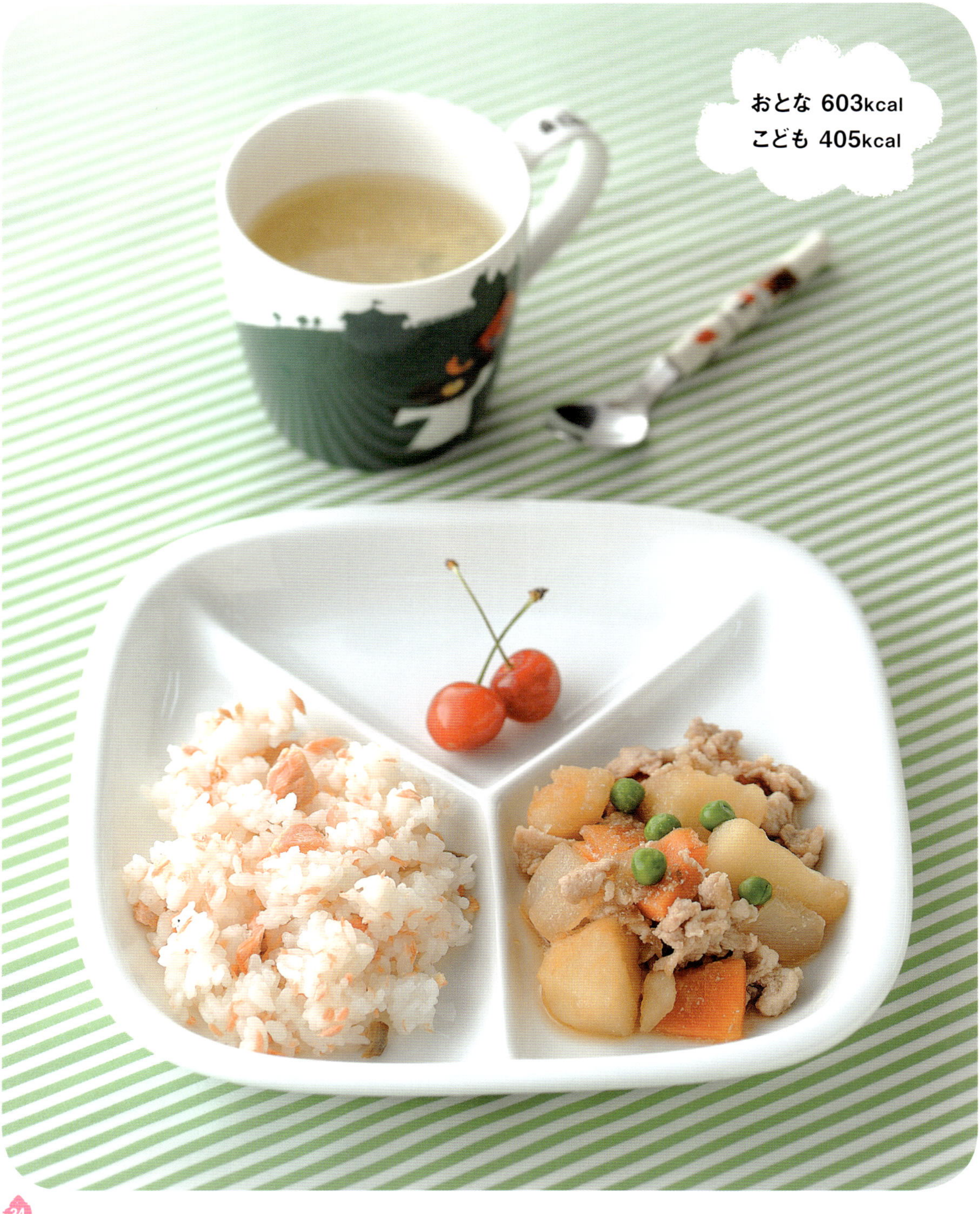

じゃがいものうま煮

おとな 192kcal
こども 128kcal

材料（おとな2人分+こども2人分）

じゃがいも……小2個（250g）
板こんにゃく……1/2枚
豚もも肉（薄切り）……130g
にんじん……1/4本
玉ねぎ……1/2個
サラダ油……小さじ1
だし汁（かつお・昆布）……2カップ
グリーンピース（冷凍）……大さじ1（山盛り）
A｜砂糖……大さじ1 2/3
　｜しょうゆ……大さじ1
　｜みりん……小さじ1/2

作り方

1. じゃがいもは2cm角に切って水にさらす。こんにゃくは手でひと口大にちぎり、熱湯にくぐらせる。
2. 豚肉は食べやすい大きさに、にんじん、玉ねぎは乱切りにする。
3. 鍋にサラダ油を熱し、2、1の順に炒める。だし汁、Aを入れて煮含める。グリーンピースはさっとゆでて混ぜる。

かき玉汁

おとな 74kcal
こども 49kcal

材料（おとな2人分+こども2人分）

小松菜……1株
水溶き片栗粉（片栗粉大さじ1、水大さじ1）
溶き卵……2個分（Mサイズ）
A｜だし汁（かつお・昆布）……3カップ
　｜しょうゆ……小さじ1
　｜塩……小さじ1

作り方

1. 小松菜は2cm長さに切る。
2. 鍋にAを入れて火にかける。煮たったら1を煮る。汁を混ぜながら、水溶き片栗粉をまわし入れる。
3. 汁をかき混ぜながら、溶き卵を少しずつ入れる。卵をふわっとさせる。

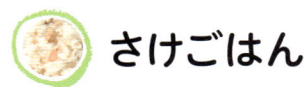

さけごはん

おとな 327kcal
こども 218kcal

材料（おとな2人分+こども2人分）

塩ざけの切り身……2 1/2切れ（100g）
ごはん……茶わん4杯分

作り方

1. さけは魚焼きグリルで焼き、細かくほぐす。
2. 炊きたてのごはんに混ぜる。

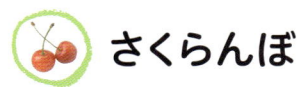

さくらんぼ

おとな 10kcal
こども 10kcal

材料（4人分／おとな、こども同量）

さくらんぼ……8粒
（1人2粒）

● 豚肉、さけ、卵
● ごはん、じゃがいも
● こんにゃく、にんじん、玉ねぎ、小松菜、さくらんぼ

POINT

だし汁のうまみを野菜や肉に煮含ませることで、塩分は控えめでも、物足りない味にはなりません。野菜をカットするときの大きさは、こどもの年齢に合わせて変えてください。また、汁物に彩りで入れる青菜（小松菜など）は、下ゆでしてから2cm幅に切り、冷凍しておくと便利です。仕上げに加えると、鮮やかな緑がキープ。

MENU 11

ルウから手作りすれば、薄味でもこっくり味わい深いグラタンに

マカロニチキングラタン

おとな **743**kcal
こども **526**kcal

マカロニチキングラタン

材料（おとな2人分＋こども2人分）

おとな 491kcal
こども 327kcal

ルウ
　バター……30g
　小麦粉……90g
　牛乳……1カップ
マカロニ……80g
鶏もも肉（皮つき）……100g
えび（むき身）……90g
玉ねぎ……1/3個
サラダ油……小さじ2
A
　塩……小さじ1/2
　こしょう……少々
　顆粒コンソメスープの素……小さじ1 1/2
生クリーム……1/4カップ
パン粉……大さじ2
粉チーズ……大さじ1〜2
パセリ（みじん切り）……少々

作り方

1. ルウを作る。鍋にバターを溶かし、小麦粉をこがさないように炒める。牛乳を少量ずつ加えてのばす。
2. マカロニは塩ゆでする（塩は分量外）。鶏肉はひと口大に切る。えびは背ワタを取る。玉ねぎは薄切りにする。
3. 鍋にサラダ油を熱し、鶏肉を炒める。肉の色が変わったら玉ねぎを入れて炒め合わせる。Aを加え、かぶるくらいの水を入れて煮込む。
4. 鶏肉に火が通ったら、えびとマカロニを加える。**1**のルウを少しずつ加え、生クリームも入れる。
5. グラタン皿にバター（分量外）をぬり、**4**を入れる。パン粉、粉チーズ、パセリを散らし、230℃に温めたオーブンで約15分焼く。

コーンサラダ

材料（4人分／おとな、こども同量）

おとな 53kcal
こども 35kcal

キャベツ……3枚
きゅうり……1/3本
にんじん……1/4本
粒コーン缶……大さじ2
A
　酢……小さじ1
　砂糖……大さじ1/2
　塩……小さじ1/3
　サラダ油……小さじ2

作り方

1. キャベツは2cm角に切り、きゅうりは半月切り、にんじんはせん切りにする。
2. キャベツときゅうりはラップで包み、それぞれ電子レンジで約1分ずつ加熱する。にんじんも同様に約2分加熱する。
3. Aを混ぜ合わせ、**2**、コーンをあえる。

りんごジュース

材料（4人分／おとな、こども同量）

おとな 94kcal
こども 94kcal

りんごジュース……4カップ
（1人1カップ）

フランスパン

材料（おとな2人分＋こども2人分）

おとな 105kcal
こども 70kcal

フランスパン……130g

作り方

1. フランスパンは食べやすい大きさに切る。

● 鶏肉、えび、生クリーム、チーズ
● マカロニ、パン、りんごジュース
● 玉ねぎ、キャベツ、きゅうり、にんじん、とうもろこし

POINT

えびは煮すぎると固くなりやすいので、グラタンに入れるときは鶏肉を煮た後に加え、さっと火を通す程度でOK。オーブンがなければ、オーブントースターで表面をカリッと焼いてください。

MENU 12

いつものから揚げに、旬の味をたくさんプラスした春のごちそう

鶏のから揚げと たけのこごはん

おとな 734kcal
こども 426kcal

鶏のから揚げ

材料（おとな2人分＋こども2人分）

おとな 270kcal
こども 180kcal

鶏もも肉（皮つき）……400g
A ｜ しょうゆ……大さじ1 1/3
　｜ みりん……小さじ2
　｜ しょうが（すりおろす）……小さじ1
片栗粉……大さじ4
小麦粉……大さじ4
揚げ油……適量

作り方

1. 鶏肉は食べやすい大きさに切る。
2. ボウルにAを混ぜ合わせ、1を約30分漬ける。
3. 片栗粉と小麦粉を合わせ、2にまぶしつける。180℃に熱した揚げ油で揚げる。

たけのこごはん

材料（おとな2人分＋こども2人分）

おとな 406kcal
こども 203kcal

たけのこ（水煮）……100g
米……1 1/2合
もち米……1/2合
油揚げ……小1枚
塩……小さじ1
A ｜ だし汁（かつお・昆布）……1/2カップ
　｜ しょうゆ……小さじ2
　｜ 酒……小さじ1/2
　｜ 砂糖……小さじ1
　｜ みりん……小さじ1

作り方

1. たけのこは食べやすい大きさの薄切りにする。鍋にAを合わせ、弱火で15分煮る。たけのこと煮汁は分ける。
2. 米は炊く30分以上前に洗って炊飯釜に入れ、1の煮汁も合わせて2合分の水加減にする。
3. 油揚げは熱湯にくぐらせて油抜きし、5mm幅に切る。
4. 2にたけのこ、油揚げ、塩を入れて炊く。

● 鶏肉、油揚げ
● ごはん、もち米、揚げ油
● たけのこ、いんげん、にんじん、小松菜、わかめ、いちご

いんげんのごまあえ

材料（おとな2人分＋こども2人分）

おとな 39kcal
こども 26kcal

さやいんげん……150g
にんじん……1/3本
A ｜ しょうゆ……大さじ1/2
　｜ 砂糖……大さじ1/2
　｜ 白すりごま……大さじ1

作り方

1. いんげんはゆでて3cm長さに切る。にんじんは3cm長さのせん切りにしてゆでる。
2. Aを混ぜ合わせ、水気をきった1をあえる。

わかめスープ

材料（おとな2人分＋こども2人分）

おとな 5kcal
こども 3kcal

小松菜……1株
わかめ（生）……7g
だし汁（かつお・昆布）……4カップ
塩……小さじ1/2
しょうゆ……大さじ1

作り方

1. 小松菜は2cm長さに切る。
2. わかめは水で洗って、食べやすい大きさに切る。
3. 鍋にだし汁を入れて火にかけ、塩、しょうゆで調味する。1と2を入れて煮る。

いちご

材料（4人分／おとな、こども同量）

おとな 14kcal
こども 14kcal

いちご……8粒
（1人2粒）

POINT

いつもは水煮のたけのこを使っていますが、春先だけは国産の生のたけのこでごはんを炊きます。わかめやいちごも春が旬。季節を感じる味や香りを、家庭でもぜひ一緒に味わってください。

MENU 13

あれもこれも食べたくなる！楽しいプレート仕立てのみそ田楽

みそおでんと菜めしのあったかごはん

おとな 673kcal
こども 414kcal

40

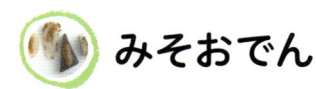

みそおでん

材料（おとな2人分＋こども2人分）

おとな 246kcal
こども 123kcal

- 大根……9cm（250g）
- 板こんにゃく……1枚
- 焼きちくわ……2本
- 焼き豆腐……1丁
- だし汁（かつお・昆布）……5カップ
- 昆布（だし用）……10cm
- A ┃ みそ……大さじ2
  ┃ 三温糖……大さじ2
  ┃ みりん……小さじ2

作り方

1. 大根は長さを3等分にして3cm幅の輪切りにし、さらに半月に切る。水から下ゆでする（はしが刺さるぐらいのやわらかさ）。
2. こんにゃくは約5分下ゆでする。こんにゃくとちくわは長さを3等分に切り、さらに斜め半分に切る。焼き豆腐は6等分に切る。
3. 鍋にだし汁、昆布、1、2を入れ、かぶるくらいの水を足して煮る。
4. 小鍋にAを合わせて火にかけ、砂糖が溶けるまで煮詰める。3の具にかける。

（こども1人1個ずつ、おとな1人2個ずつ）

キャベツのごまあえ

材料（おとな2人分＋こども2人分）

おとな 44kcal
こども 29kcal

- キャベツ……3枚
- にんじん……1/5本
- もやし……70g
- A ┃ 白炒りごま……大さじ1
  ┃ しょうゆ……小さじ2
  ┃ 砂糖……小さじ2

作り方

1. キャベツはゆでて2cm角に切る。にんじんはせん切りにし、もやしとともにゆでる。
2. Aを混ぜ合わせ、水気をきった1をあえる。

菜めし

材料（おとな2人分＋こども2人分）

おとな 353kcal
こども 235kcal

- ベーコン……3枚
- サラダ油……小さじ1/2
- 大根の葉……1本（50g）
- ごま油……小さじ1/2
- しょうゆ……少々
- ごはん……茶わん4杯分

作り方

1. ベーコンはせん切りにし、フライパンにサラダ油を熱して炒める。
2. 大根の葉は2cm幅に切る。フライパンにごま油を熱して炒め、しょうゆで調味する。
3. 炊きたてのごはんに、1、2を混ぜる。

りんご

材料（4人分／おとな、こども同量）

おとな 27kcal
こども 27kcal

- りんご……1/2個（1人1/8個）

- 🔴 豆腐、ちくわ、ベーコン、みそ
- 🟡 ごはん、こんにゃく
- 🟢 大根、キャベツ、もやし、にんじん、りんご

POINT

おでんは素材を下ゆでしてからだし汁で煮ると、汁がにごりません。たんぱく質が少ないので、ごはんにベーコンやハムを混ぜてバランスをとって。

MENU 14

だしを効かせた和風カレー。しょうゆとカレーの香りで食欲UP!

カレーうどんとツナサラダ

おとな 620kcal
こども 427kcal

カレーうどん

材料（おとな2人分+こども2人分）

おとな 510kcal
こども 340kcal

豚肩ロース肉（薄切り）……130g
玉ねぎ……1個
にんじん……1/3本
サラダ油……大さじ2
だし汁（かつお・昆布）……4カップ
カレールウ（市販品）……70g
しょうゆ……大さじ1
塩……少々
ゆでうどん……3玉（540g）
A しょうゆ……大さじ1
  塩……小さじ1/3

作り方

1. 豚肉は2cm幅に切る。玉ねぎ、にんじんはせん切りにする。
2. 鍋にサラダ油を熱して、玉ねぎの半量を茶色くなるまで炒める。豚肉と残りの玉ねぎ、にんじんを加えて、さらに炒める。
3. かぶるくらいまでだし汁を入れて（足りなければ分量を増やす）、野菜がやわらかくなるまで煮る。カレールウを加えて溶かし、しょうゆ、塩で味をととのえる。
4. 別の鍋に湯をわかし、Aを加える。うどんをゆでて器に盛り、3をかける。

ツナサラダ

材料（おとな2人分+こども2人分）

おとな 68kcal
こども 45kcal

キャベツ……3枚
にんじん……1/5本
もやし……60g
ツナ缶（油漬け）……50g
しょうゆ……大さじ1/2
砂糖……大さじ1/2

作り方

1. キャベツは2cm角に、にんじんはいちょう切りにする。
2. キャベツともやしはラップで包み、それぞれ電子レンジで約1分ずつ加熱する。にんじんも同様に約2分加熱する。
3. 1、2、油を軽くきったツナを混ぜる。しょうゆと砂糖で調味する。

パイン缶

材料（4人分／おとな、こども同量）

おとな 42kcal
こども 42kcal

パイン缶……輪切り4枚
（1人1枚）

● 豚肉、ツナ
● うどん、サラダ油
● 玉ねぎ、にんじん、キャベツ、もやし、パイン

POINT

うどんにカレーを合わせるときは、野菜を細く切るなど食べやすい形にしてあげましょう。ツナ缶は味があるので、ドレッシングはシンプルなしょうゆと砂糖だけでも十分おいしい味になりますよ。

MENU 15

こどもも大好き！みたらしだんごのような、ちょっと懐かしい味

肉だんごと野菜炒めの中華風プレート

おとな 742kcal
こども 479kcal

肉だんごあんかけ

材料（おとな2人分＋こども2人分）

おとな 327kcal
こども 197kcal

A ┃ しょうゆ……大さじ2
　 ┃ 砂糖……大さじ3
　 ┃ みりん……大さじ1/2
　 ┃ 水……2/3カップ

水溶き片栗粉（片栗粉大さじ1、水大さじ1）
パン粉……大さじ3
牛乳……大さじ3
玉ねぎ……1/2個
鶏ひき肉……200g
溶き卵……1/3個分
塩……少々
しょうが汁……小さじ2
片栗粉……大さじ2
揚げ油……適量

作り方

1. たれを作る。小鍋にAを入れて火にかけ、煮たったら水溶き片栗粉でとろみをつける。
2. パン粉は牛乳にひたす。玉ねぎはみじん切りにする。
3. ボウルに鶏ひき肉、卵、**2**を入れ、よく混ぜ合わせる。塩、しょうが汁を入れ、耳たぶくらいの固さになるまでよく混ぜる。
4. **3**を16等分にし、だんごに丸めて片栗粉をつける。170℃に熱した揚げ油で揚げる。熱いうちに**1**のたれにくぐらせる。
（こども1人3個、おとな1人5個）

五目野菜炒め

材料（おとな2人分＋こども2人分）

おとな 134kcal
こども 89kcal

豚バラ肉（薄切り）……50g
キャベツ……3枚
玉ねぎ……1/4個
にんじん……1/5本
ピーマン……小1個
サラダ油……大さじ1
もやし……100g

A ┃ 塩……小さじ1/2
　 ┃ こしょう……少々
　 ┃ 砂糖……小さじ1/2

作り方

1. 豚肉、キャベツは3cm角に切る。玉ねぎ、にんじん、ピーマンはせん切りにする。
2. フライパンにサラダ油を熱して豚肉を炒め、にんじんと玉ねぎを炒める。野菜に火が通ったら、ピーマン、もやし、キャベツを炒め、Aで調味する。

グレープフルーツ

材料（4人分／おとな、こども同量）

おとな 19kcal
こども 19kcal

グレープフルーツ……1/2個
（1人1/8個）

ごはん

材料（4人分／おとな、こども同量）

おとな 267kcal
こども 178kcal

ごはん……茶わん4杯分

● 鶏肉、豚肉
● ごはん、揚げ油
● 玉ねぎ、キャベツ、にんじん、ピーマン、グレープフルーツ、もやし

POINT

肉だんごのタネを作るときは耳たぶぐらいの固さをイメージしましょう。ちょっと扱いづらいかもしれませんが、ふわっとやわらかく仕あがります。

MENU 16

見た目より野菜たっぷり！お豆で植物性たんぱく質も補給して

チキンライスと白いんげん豆のスープ

おとな 643kcal
こども 463kcal

チキンライス

材料（おとな2人分＋こども2人分）

おとな 417kcal
こども 278kcal

玉ねぎ……1/2個
にんじん……1/4本
ピーマン……1/2個
ロースハム……3枚
サラダ油……小さじ1
鶏ひき肉……80g
塩……小さじ1/2
こしょう……少々
ケチャップ……大さじ4
バター……小さじ2
ごはん……茶わん4杯分

作り方

1. 玉ねぎ、にんじん、ピーマン、ハムはみじん切りにする。
2. 鍋にサラダ油を熱し、鶏肉と**1**を炒める。塩、こしょうで調味し、にんじんがやわらかくなったらケチャップを加える。最後にバターを加え、溶けるまで炒める。
3. 炊きたてのごはんに**2**を混ぜる。

白いんげん豆のスープ

材料（おとな2人分＋こども2人分）

おとな 123kcal
こども 82kcal

白いんげん豆（乾燥）……25g
ベーコン……2枚
玉ねぎ……1/2個
キャベツ……3枚
サラダ油……小さじ2
顆粒コンソメスープの素……小さじ2
塩……小さじ1/3

作り方

1. ボウルにいんげん豆とたっぷりの水を入れ、ひと晩ひたす。
2. もどし汁ごと鍋に移し、火にかける。煮たったら弱火にし、やわらかくなるまで煮る。ザルにあけて水気をきる。
3. ベーコンと玉ねぎはせん切りに、キャベツは3cm角に切る。
4. 鍋にサラダ油を熱し、玉ねぎとベーコンを炒める。水4カップ（分量外）を加え、煮たったらキャベツを入れて煮る。コンソメと塩で調味し、最後に**2**を加える。

チーズ

材料（4人分／おとな、こども同量）

おとな 51kcal
こども 51kcal

プロセスチーズ……4個（60g）

バナナ

材料（4人分／おとな、こども同量）

おとな 52kcal
こども 52kcal

バナナ……2本
（1人1/2本）

● 鶏肉、ハム、白いんげん豆、ベーコン、チーズ
● ごはん、バター
● 玉ねぎ、にんじん、ピーマン、キャベツ、バナナ

POINT

幼稚園では、年少さんにはバナナを1/3本にして出しています。チーズはゾウさんやウサギさんなど、かわいい形のものを出すと喜ばれます。

MENU 17

ミートよりも野菜が多いかも？優しい味のパスタソースです

ミートソーススパゲティ

おとな 610kcal
こども 414kcal

ミートソーススパゲティ

材料（おとな2人分+こども2人分）

おとな 537kcal
こども 358kcal

玉ねぎ……3/4個
にんじん……1/3本
サラダ油……大さじ1
豚ひき肉……200g
小麦粉……大さじ2
トマトピューレ……大さじ5
ケチャップ……大さじ2
塩……小さじ1
中濃ソース……小さじ1
バター……小さじ1
スパゲティ（乾麺）……250g

作り方

1. 玉ねぎ、にんじんはみじん切りにする。
2. フライパンにサラダ油を熱して玉ねぎを炒める。豚肉を加え、肉の色が変わりポロポロになるまで炒める。小麦粉を茶こしでふるいながら入れ、にんじんを加えて炒める。
3. トマトピューレ、ケチャップを入れて煮こむ。塩、中濃ソースで調味し、バターをからめる。
4. スパゲティは好みの固さに塩ゆでする（塩は分量外）。水気をきり、バター少々（分量外）を麺にからませる。器に盛り、**3**のミートソースをかける。

ゴロゴロサラダ

材料（おとな2人分+こども2人分）

おとな 50kcal
こども 33kcal

キャベツ……3枚
きゅうり……1/3本
にんじん……1/5本
粒コーン缶……大さじ2
A ┌ 酢……小さじ1
　├ 砂糖……大さじ1/2
　├ 塩……小さじ1/3
　└ サラダ油……小さじ2

作り方

1. キャベツは2cm角に、にんじんときゅうりは1cm角に切る。
2. キャベツときゅうりはラップで包み、それぞれ電子レンジで約1分ずつ加熱する。にんじんも同様に約2分加熱する。
3. **A**を混ぜ合わせ、**2**、コーンをあえる。

紅茶

材料（4人分／おとな、こども同量）

おとな 5kcal
こども 5kcal
（砂糖なしで）

紅茶……適量
好みで砂糖……適量

作り方

1. 熱湯で紅茶を入れる。好みで砂糖を加える。

ぶどう

材料（4人分／おとな、こども同量）

おとな 18kcal
こども 18kcal

ぶどう……8粒
（1人2粒）

● 豚肉

● スパゲティ、サラダ油、砂糖

● 玉ねぎ、にんじん、キャベツ、きゅうり、とうもろこし、ぶどう

POINT

スパゲッティはゆであがったら、すぐにバターをからめましょう。麺同士がくっつかず、食べやすくなります。

MENU 18

ちょっぴりスパイシーな味で、食の落ちる夏場でもおいしく食べられます

白身魚のカレー風味揚げとミネストローネスープ

おとな 684kcal
こども 426kcal

白身魚のカレー風味揚げ

材料（おとな2人分+こども2人分）

おとな 212kcal
こども 106kcal

白身魚の切り身……3切れ（約300g）
　（ここではたらを使用）
塩……小さじ1/2
こしょう……少々
揚げ油……適量
A ｜ カレー粉……小さじ1
　｜ 小麦粉……大さじ6
　｜ 水……大さじ4
　｜ 溶き卵……1/2個分

作り方

1. 白身魚は長さを4等分に切って塩、こしょうする。
2. ボウルにAを合わせ、衣を作る。
3. 1を2にからめ、180℃に熱した揚げ油で揚げる。
　（こども1人2切れ、おとな1人4切れ）

ミネストローネスープ

材料（おとな2人分+こども2人分）

おとな 93kcal
こども 62kcal

大豆（乾燥）……30g
キャベツ……2枚
玉ねぎ……1/4個
セロリ……10cm
トマト……1/2個
にんじん……1/4本
にんにく……1かけ
オリーブ油……小さじ2
塩……小さじ1/2
顆粒コンソメスープの素……小さじ2

作り方

1. ボウルに大豆とたっぷりの水を入れ、ひと晩ひたす。もどし汁ごと鍋に移して火にかける。アクをこまめに取りながら、やわらかくなるまで煮る。ザルにあけて水気をきる。
2. キャベツ、玉ねぎ、セロリは2cm角に切る。トマトは2cm角、にんじんは1cm角のサイコロ状に切る。にんにくはみじん切りにする。
3. 鍋にオリーブ油を熱し、にんにくをこげないように炒める。玉ねぎ、にんじん、セロリを入れて炒める。
4. 野菜がやわらかくなったら水4カップ（分量外）、キャベツ、トマトを入れて煮る。塩、コンソメで調味し、1を加えてさっと煮る。

ベーコンピラフ風

材料（おとな2人分+こども2人分）

おとな 362kcal
こども 241kcal

ベーコン……3枚
玉ねぎ……1/4個
サラダ油……小さじ1
マッシュルーム缶……50g
塩……小さじ1/3
ごはん……茶わん4杯分

作り方

1. ベーコン、玉ねぎは薄切りにする。
2. フライパンにサラダ油を熱し、1を炒める。玉ねぎがやわらかくなったら、缶汁をきったマッシュルームを入れ、塩で調味する。
3. 炊きたてのごはんに2を混ぜる。

メロン

材料（4人分／おとな、こども同量）

おとな 17kcal
こども 17kcal

メロン……1/4個
（1人1/16個）

● 白身魚、大豆、ベーコン
● ごはん
● キャベツ、玉ねぎ、セロリ、トマト、にんじん、メロン

POINT

白身魚は、たらやさわら、切り目を入れたもんごういかなどを使ってみて。暑い季節はスープを冷やして飲んでもおいしいですよ。こどもが小さいときは、スープのにんにくの量を調整してください。

MENU 19

学年最後の給食の日に出す人気メニュー。手作りスイーツで楽しく盛って

チキン南蛮と春雨サラダ、パフェつきプレート

おとな 729kcal
こども 518kcal

チキン南蛮

材料（おとな2人分+こども2人分）

おとな 275kcal
こども 183kcal

鶏もも肉（皮つき）……1枚（250g）
塩、こしょう……各少々
小麦粉……1/2カップ
溶き卵……1個分
揚げ油……適量
A
　しょうゆ……小さじ2
　砂糖……大さじ1
　酢……小さじ2
　ケチャップ……小さじ1/2
タルタルソース
B
　ゆで卵……1/2個
　マヨネーズ……大さじ2
　ケチャップ……小さじ1/2
　塩、こしょう……少々

作り方

1. 鶏肉は5等分に切って塩、こしょうする。
2. 1に小麦粉をまぶして溶き卵をからめ、180℃に熱した揚げ油で揚げる。半分に切る
3. 鍋にAを合わせてひと煮たちさせ、南蛮酢を作る。揚げたての1を南蛮酢にくぐらせ、器に盛る。
4. タルタルソースを作る。Bのゆで卵はみじん切りにして残りの材料と混ぜ合わせる。3にかける。

ひじき春雨サラダ

材料（おとな2人分+こども2人分）

おとな 86kcal
こども 57kcal

ひじき（乾燥）……5g
砂糖……大さじ1/2
しょうゆ……小さじ1
春雨（乾燥）……8g
ロースハム……2枚
キャベツ……2枚
にんじん……1/5本
A
　酢……小さじ1
　塩……少々
　ごま油……小さじ2
　砂糖……大さじ1/2
　しょうゆ……大さじ1/2

作り方

1. ひじきは水でもどして小鍋に入れ、砂糖としょうゆを加えてさっと煮からめる。
2. 春雨はぬるま湯でもどして、3cm長さに切る。ハムは3cm長さのせん切りにする。キャベツはゆでて3cm長さのせん切りにする。にんじんは3cm長さのせん切りにして、ゆでる。
3. 混ぜ合わせたAで、1、水気をきった2をあえる。

プチパフェ

材料（4人分／おとな、こども同量）

おとな 100kcal
こども 100kcal

みかん缶……50g
もも缶（黄桃）……50g
パイン缶……50g
生クリーム……80ml
砂糖……大さじ1/2
コーンフレーク……15g
チョコスプレー……少々

作り方

1. フルーツは食べやすい大きさに切って器に盛る。
2. 生クリームは砂糖を入れて泡だてる。
3. 1にコーンフレークをかけ、2を絞ってチョコスプレーをトッピングする。

ごはん

材料（おとな2人分+こども2人分）

おとな 267kcal
こども 178kcal

ごはん……茶わん4杯分

● 鶏肉、ハム、卵、生クリーム
● ごはん、春雨、マヨネーズ、コーンフレーク
● ひじき、キャベツ、にんじん、みかん、もも、パイン

POINT

タルタルソースの味がしっかりしているので、白いごはんでもはしが進みます。いい子だった日は、いつものフルーツに生クリームを絞って、食べるときの楽しさを演出してあげてください。

MENU 20

コンソメで野菜を煮れば、青臭さが抜けてこどもも好きな味に変身

ロールキャベツとジャムサンド

おとな 663kcal
こども 437kcal

ロールキャベツ

おとな 231kcal
こども 154kcal

材料（おとな2人分+こども2人分）

キャベツ……大5枚（400g）
玉ねぎ……1/3個
にんじん……1/3本
じゃがいも……1個
パン粉……大さじ3
牛乳……大さじ3
豚ひき肉……150g
溶き卵……1/2個分
塩……小さじ1/2
こしょう……少々
顆粒コンソメスープの素……小さじ2

作り方

1. キャベツは熱湯にくぐらせ、芯は巻きやすいように薄くけずる。
2. 玉ねぎはみじん切りに、にんじん、じゃがいもはひと口大に切る。
3. パン粉は牛乳にひたす。
4. ボウルに玉ねぎと豚肉を入れてこねる。卵、塩、こしょう、3を入れてよく混ぜる。5等分にし、キャベツで包んで巻き終わりを楊枝でとめる。
5. 鍋に4、にんじん、じゃがいも、コンソメを入れ、水1リットル（分量外）を注ぐ。煮たってから約30分煮る。ロールキャベツを2〜3等分に切る。

ジャムサンド

おとな 298kcal
こども 149kcal

材料（おとな2人分+こども2人分）

バターロール……6個
いちごジャム……適量

作り方

1. バターロールは縦に切り込みを入れ、ジャムを中にぬる。
（こども1人1個、おとな1人2個）

牛乳

おとな 134kcal
こども 134kcal

材料（4人分／おとな、こども同量）

牛乳……4カップ
（1人1カップ）

● 豚肉、牛乳
● パン、いちごジャム、じゃがいも
● キャベツ、玉ねぎ、にんじん

POINT

ロールキャベツを煮るときは、鍋の片隅にじゃがいもとにんじんも入れて一緒に煮込みましょう。主菜を作るついでに、副菜の野菜のコンソメ煮も作れるから、忙しいママさんにもおすすめです。

MENU 21

骨まで丸ごと食べられるししゃもは、成長期こそ食べたいおさかな

ししゃもフリッターと具だくさんのっぺい汁

おとな 694kcal
こども 391kcal

ししゃもフリッター

材料（おとな2人分＋こども2人分）

おとな 192kcal
こども 128kcal

卵……1個
塩……少々
砂糖……小さじ1
ししゃも……10尾
揚げ油……適量
A ┃ 小麦粉……大さじ6
　┃ 水……大さじ2
　┃ パセリ（ドライ）……少々

作り方

1. 卵は卵白と卵黄に分ける。
2. ボウルに卵白を入れて泡だてる。泡がもったりしてきたら塩を加え、空気を含ませるようにさらに泡だてる。泡が白くなってきたら砂糖を加え、角が立つまで泡だてる。
3. 別のボウルに卵黄、Aを入れて混ぜる。2を加え、泡がつぶれないように軽く混ぜる。
4. ししゃもに3をからめ、170℃に熱した揚げ油で揚げる。

のっぺい汁

材料（おとな2人分＋こども2人分）

おとな 72kcal
こども 48kcal

里いも……2個
にんじん……1/6本
大根……8mm厚さの輪切り2枚（60g）
さつま揚げ……50g
木綿豆腐……1/4丁
小松菜……1株
だし汁（かつお・昆布）……4カップ
塩……小さじ1/2
しょうゆ……大さじ1
水溶き片栗粉（片栗粉小さじ2、水小さじ2）

作り方

1. 里いもは2cm角に切って塩（分量外）でもみ、ぬめりを取る。にんじん、大根は拍子木切りにする。
2. 里いもは30秒下ゆでし、流水にさらすして水気をきる。
3. さつま揚げは拍子木切り、豆腐は角切りにする。小松菜は2cm長さに切る。
4. 鍋にだし汁を入れて火にかけ、2を加えてやわらかくなるまで煮る。3を加え、塩、しょうゆで調味する。水溶き片栗粉を入れて、ひと煮たちさせる。

しめじごはん

材料（おとな2人分＋こども2人分）

おとな 398kcal
こども 199kcal

米……2合
しめじ……50g
油揚げ……小1枚
塩……小さじ1
しょうゆ……小さじ1/2

作り方

1. 米は炊く30分以上前に洗って炊飯釜に入れ、2合分の水加減にする。
2. しめじはほぐす。油揚げは熱湯にくぐらせて油抜きし、5mm幅に切る。1に入れ、塩、しょうゆを加えて炊く。

オレンジ

材料（おとな2人分＋こども2人分）

おとな 32kcal
こども 16kcal

オレンジ……1個
（こども1人1/6個、おとな1人2/6個）

- 🔴 ししゃも、さつま揚げ、豆腐、油揚げ
- 🟡 ごはん、里いも、揚げ油
- 🟢 にんじん、大根、小松菜、しめじ、オレンジ

POINT

のっぺい汁は片栗粉でとろみをつけることで、こどもでも食べやすい料理になります。野菜の滋味をしっかり汁に移し、薄味に仕立ててください。

MENU 22

しっかり煮ればトマトの酸味が抜け、トマト嫌いな子も思わずパクリ

夏野菜のラタトゥイユとさつまいものコロッケ

おとな 698kcal
こども 449kcal

ラタトゥイユ

材料（おとな2人分＋こども2人分）

おとな 20kcal
こども 13kcal

玉ねぎ……1/4個
なす……大1本
トマト……1/2個
ズッキーニ……1/4本
塩……少々
顆粒コンソメスープの素……小さじ1/2

作り方

1. 野菜はすべて1cm角に切る。
2. 鍋に**1**を入れ、水（分量外）を材料の8分目ぐらいまで入れて弱火で煮る。
3. 野菜がやわらかくなったら、塩とコンソメで調味する。

バターロール

材料（おとな2人分＋こども2人分）

おとな 222kcal
こども 111kcal

バターロール……6個
　（こども1人1個、おとな1人2個）

ヨーグルトドリンク

材料（4人分／おとな、こども同量）

おとな 63kcal
こども 63kcal

ヨーグルトドリンク……2カップ
　（1人1/2カップ）

さつまいものコロッケ

材料（おとな2人分＋こども2人分）

おとな 393kcal
こども 262kcal

さつまいも……小2本（350g）
玉ねぎ……1/2個
サラダ油……小さじ2
豚ひき肉……100g
塩……小さじ1/2
こしょう……少々
バター……小さじ1
衣｜小麦粉……大さじ4
　｜溶き卵……1個分
　｜パン粉……50g
揚げ油……適量
中濃ソース……適量

作り方

1. さつまいもは適当な大きさに切り、耐熱皿にのせて水少々（分量外）をふる。ラップをし、電子レンジで2分加熱する。上下を返し、さらに2分を目安にやわらかくなるまで加熱し、つぶす。玉ねぎはみじん切りにする。
2. フライパンにサラダ油を熱し、玉ねぎを炒める。茶色くなったら豚肉を炒め、塩、こしょう、バターで調味する。火を止め、さつまいもを混ぜ合わせる。
3. **2**を5等分に分けて小判型にし、小麦粉、卵、パン粉の順に衣をつける。180℃に熱した揚げ油で、きつね色になるまで揚げる。お好みでソースをかける。

● 豚肉、ヨーグルトドリンク
● パン、さつまいも、バター
● 玉ねぎ、なす、トマト、ズッキーニ

POINT

ラタトゥイユは野菜が煮くずれて溶けないよう、少し大きめに切ってください。さつまいもコロッケは、バターを加えるとコクが出てソースなしでも食べられるおいしさに。

MENU 23

くどくないのにコクはある、ソースいらずのみそカツ定食

豚肉のみそカツとわかめごはん

おとな 829kcal
こども 548kcal

豚肉のみそカツ

おとな 444kcal　こども 296kcal

材料（おとな2人分＋こども2人分）

豚ロース肉（薄切りとんかつ用）
　……4〜5枚（250g）
A ┃ しょうが（すりおろす）……小さじ1
　┃ みそ……大さじ2
　┃ 酒……小さじ2
衣 ┃ 小麦粉……1/2カップ
　┃ 溶き卵……1個分
　┃ パン粉……1カップ
揚げ油……適量

作り方

1. ボウルにAを混ぜ合わせ、豚肉にぬって約30分漬ける。
2. 小麦粉、溶き卵、パン粉の順に衣をつけ、180℃に熱した揚げ油で揚げる。

わかめごはん

おとな 267kcal　こども 178kcal

材料（おとな2人分＋こども2人分）

米……茶わん4杯分
わかめ（乾燥）……6g
塩……少々

作り方

1. 炊きたてのごはんに、乾燥わかめと好みの加減の塩を混ぜる。

みかん

おとな 28kcal　こども 14kcal

材料（おとな2人分＋こども2人分）

みかん……3個
　（こども1人1/2個、おとな1人1個）

菜の花の甘酢あえ

おとな 90kcal　こども 60kcal

材料（おとな2人分＋こども2人分）

菜の花……150g
キャベツ……2枚
溶き卵……1個分
サラダ油……小さじ1/2
A ┃ 酒……小さじ1/3
　┃ 水……小さじ1/3
　┃ 砂糖……小さじ1
　┃ 塩……少々
B ┃ 酢……小さじ1
　┃ 砂糖……大さじ1/2
　┃ しょうゆ……小さじ1
　┃ サラダ油……小さじ2

作り方

1. 菜の花はゆでて水気を絞り、2cm長さに切る。キャベツはゆでて2cm角に切る。
2. 溶き卵にAを加えて混ぜる。フライパンにサラダ油を熱し、卵をはしで素早くかき混ぜ、細かくする。
3. Bを混ぜ合わせ、水気をきった**1**をあえる。**2**を加えて軽く混ぜる。

- 🔴 豚肉、みそ、卵
- 🟡 ごはん、揚げ油
- 🟢 菜の花、キャベツ、わかめ、みかん

POINT

わかめごはんは市販のわかめのふりかけでもOK。こどもがおかわりするほど人気のごはんです。菜の花は、小松菜やほうれん草など、旬の野菜にチェンジして作ってください。

MENU 24

香りよく炊いたバターライスに甘めのカレーをたっぷりのせて

ドライカレーと手作り寒天のフルーツポンチ

おとな 890kcal
こども 498kcal

ドライカレー

材料（おとな2人分+こども2人分）

おとな 744kcal
こども 372kcal

米……2合
バター……大さじ1
サラダ油……小さじ2
干しぶどう……45g
玉ねぎ……1個
にんじん……2/3本
豚ひき肉……200g
A ┃ カレー粉……大さじ1
　┃ 中濃ソース……小さじ2
　┃ 顆粒コンソメスープの素……小さじ2
　┃ バター……大さじ1 1/2

作り方

1. 米は炊く30分以上前に洗い、水気をきる。バターは細かく切る。
2. フライパンにサラダ油小さじ1を熱して米を炒める。油がなじんだらバターを入れ、米に少し色がつくまで炒める。炊飯釜に入れ、2合分の水加減で炊く。
3. 干しぶどうはかぶるほどの水にひと晩ひたし、使う直前に水気をきる。玉ねぎ、にんじん、干しぶどうはみじん切りにする。
4. フライパンにサラダ油小さじ1を熱し、豚ひき肉と**3**を炒める。干しぶどうを漬けていた水も加えて煮て、Aで調味する。
5. 器に**2**を盛り、**4**をかける。

フルーツポンチ

材料（おとな2人分+こども2人分）

おとな 87kcal
こども 87kcal

A ┃ 水……3/4カップ
　┃ 粉寒天……小さじ1/3
　┃ 砂糖……大さじ1/2
B ┃ 砂糖……大さじ2
　┃ 水……大さじ2
パイン缶……80g
もも缶（黄桃）……80g
メロン……80g
炭酸飲料（サイダー）……1カップ

作り方

1. 鍋にAを入れて火にかけ、砂糖が溶けるまで煮る。
2. 水でぬらしておいた型（10×10cm）に**1**を流し入れる。粗熱がとれたら冷蔵庫で冷やし固める。
3. 小鍋にBを入れて煮つめ、シロップを作る。
4. **2**が固まったら1cm角に切る。フルーツは、食べやすい大きさに切る。**3**、炭酸飲料とともに混ぜ合わせる。

ブロッコリーとコーンのサラダ

材料（おとな2人分+こども2人分）

おとな 59kcal
こども 39kcal

ブロッコリー……1/2株
キャベツ……2枚
にんじん……1/6本
粒コーン缶……大さじ2
A ┃ 酢……小さじ1
　┃ 砂糖……大さじ1/2
　┃ 塩……小さじ1/3
　┃ サラダ油……小さじ2

作り方

1. ブロッコリーは食べやすい大きさに切り、キャベツは2cm角に、にんじんはいちょう切りにする。
2. ブロッコリーとキャベツはラップで包み、電子レンジで約1分ずつ加熱する。にんじんも同様に約2分加熱する。
3. コーン、**2**を混ぜ合わせたAであえる。

● 豚肉

● ごはん、バター

● レーズン、玉ねぎ、寒天、ブロッコリー、にんじん、キャベツ、とうもろこし、パイン、もも、メロン

POINT

ドライカレー用のバターライスを作るときは、バターがこげやすいので手早く炒めて。汁っぽいドライカレーなので、ごはんをドーナツのように輪に盛って、中央のくぼみにカレーを盛ってください。

MENU 25

天ぷらをうどんにのせて食べるなど、自由な食べ方で味わって

野菜うどん、きすとさつまいもの天ぷら

おとな 665kcal
こども 460kcal

野菜うどん

材料（おとな2人分＋こども2人分）

おとな 290kcal
こども 193kcal

鶏もも肉（皮つき）……130g
大根……2cm
にんじん……1/4本
キャベツ……1枚
ブロッコリー……30g
サラダ油……小さじ2
ゆでうどん……3玉（540g）
だし汁（かつお・昆布）……5カップ
A ┃ しょうゆ……大さじ3
　┃ みりん……大さじ1
　┃ 塩……小さじ1

作り方

1. 鶏肉はひと口大に切る。大根、にんじんは太めのせん切りにする。
2. キャベツは2cm角に切る。ブロッコリーは食べやすい大きさに切る。
3. 鍋にサラダ油を熱して、鶏肉を炒める。鶏肉の色が変わったら、残りの**1**を炒め合わせ、だし汁を加える。
4. 野菜がやわらかくなったら、**2**を入れて煮る。Aで調味し、うどんを入れて温める。

さつまいもの天ぷら

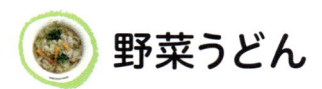

材料（おとな2人分＋こども2人分）

おとな 164kcal
こども 109kcal

さつまいも……小1本
揚げ油……適量
A ┃ 水……大さじ3
　┃ 小麦粉……大さじ4
　┃ 溶き卵……1/2個分

作り方

1. さつまいもは皮つきのまま、1cm幅の輪切りにする。水にさらしてアク抜きする。
2. ボウルにAを合わせて衣を作る。
3. **1**を**2**にからめ、160℃に熱した揚げ油で揚げる。

きすの天ぷら

材料（おとな2人分＋こども2人分）

おとな 159kcal
こども 106kcal

A ┃ 水……大さじ3
　┃ 小麦粉……大さじ4
　┃ 溶き卵……1/2個分
　┃ 塩……少々
きす……400g
揚げ油……適量

作り方

1. ボウルにAを合わせて衣を作り、きすをからめる。
2. 160℃に熱した揚げ油で揚げる。

バナナ

材料（4人分／おとな、こども同量）

おとな 52kcal
こども 52kcal

バナナ……2本
（1人1/2本）

● 鶏肉、きす
● うどん、さつまいも
● 大根、にんじん、キャベツ、ブロッコリー、バナナ

POINT

洋風なイメージもあるブロッコリーですが、意外とうどんやおだしの味と相性がいいもの。かみごたえもアップするので、ぜひ加えてみてください。

MENU 26

さっぱりとしたトマトベースのスープ。サラダに豆を加えて栄養をUP

ボルシチとビーンズサラダ

おとな 858kcal
こども 595kcal

ボルシチ

材料（おとな2人分＋こども2人分）

おとな 290kcal
こども 193kcal

豚バラ肉（かたまり）……130g
にんじん……1/5個
玉ねぎ……1/5個
じゃがいも……1/2個
キャベツ……2枚
サラダ油……小さじ2
ホールトマト缶……70g
塩……小さじ1/2
顆粒コンソメスープの素……小さじ2
バター……大さじ1
生クリーム……大さじ2

作り方

1. 豚肉は2cm角に切る。にんじん、玉ねぎ、じゃがいも、キャベツは3cm角に切る。
2. 鍋にサラダ油を熱し、豚肉を炒める。肉の色が変わったら、1の残りとホールトマトを入れ、野菜がかぶるくらいの水を入れて煮込む。
3. 塩、コンソメで調味し、仕上げにバターと生クリームを入れる。

卵サンドとハムサンド

材料（おとな2人分＋こども2人分）

おとな 503kcal
こども 357kcal

食パン（1斤10枚切り）……10枚（300g）
A｜ゆで卵……2個
　｜マヨネーズ……大さじ4
　｜塩……少々
B｜ロースハム……3枚
　｜スライスチーズ……3枚
　｜マヨネーズ……大さじ1

作り方

1. Aのゆで卵は細かく刻んで、マヨネーズと塩を混ぜる。
2. 食パン2枚に1をぬり、パン1枚ずつを重ねてサンドする。4等分に切る。
3. 食パン3枚にBのマヨネーズを薄くぬり、ハムとチーズを重ねる。パン1枚ずつを重ねてサンドする。4等分に切る。

（こども1人4切れ、おとな1人6切れ）

ビーンズサラダ

材料（おとな2人分＋こども2人分）

おとな 59kcal
こども 39kcal

キャベツ……3枚
きゅうり……1/3本
にんじん……1/6本
レッドキドニービーンズ（水煮）……大さじ2
A｜酢……小さじ1
　｜砂糖……大さじ1/2
　｜塩……小さじ1/3
　｜サラダ油……小さじ2

作り方

1. キャベツは2cm角に、きゅうりは半月切り、にんじんはいちょう切りにする。
2. キャベツときゅうりはラップで包み、電子レンジで約1分ずつ加熱する。にんじんも同様に約2分加熱する。
3. Aを混ぜ合わせ、2、レッドキドニービーンズをあえる。

ミニトマト

材料（4人分／おとな、こども同量）

おとな 6kcal
こども 6kcal

ミニトマト……8個
（1人2個）

🔴 豚肉、レッドキドニービーンズ、卵、ハム、チーズ

🟡 パン、マヨネーズ、じゃがいも

🟢 にんじん、玉ねぎ、キャベツ、きゅうり、ミニトマト

POINT

ボルシチは、仕あげにバターと生クリームを加えてコクを出します。ビーンズサラダは、ほかの水煮の豆でアレンジしてもOK。

MENU 27

濃い味のソース焼きそばより、野菜本来の味が楽しめます

野菜たっぷり塩焼きそばと大学いも

おとな **685**kcal
こども **463**kcal

塩焼きそば

おとな 411kcal
こども 274kcal

材料（おとな2人分＋こども2人分）

豚バラ肉（薄切り）……100g
キャベツ……3枚
にんじん……1/4本
玉ねぎ……1/3個
ピーマン……小1個
サラダ油……大さじ1
もやし……50g
蒸し中華麺……3玉（450g）
ごま油……小さじ1/2
A │ 顆粒中華だしの素……小さじ1
　│ 塩……小さじ1
　│ こしょう……少々

作り方

1. 豚肉は食べやすい大きさに切る。キャベツ、にんじん、玉ねぎ、ピーマンはせん切りにする。
2. フライパンにサラダ油を熱して豚肉を炒める。玉ねぎ、にんじんを炒め、野菜がやわらかくなったら、ピーマン、もやし、キャベツを炒め、Aで調味する。
3. 中華麺は手でほぐし、2に加えて炒め合わせる。仕上げにごま油をたらして軽く混ぜる。

大学いも

おとな 255kcal
こども 170kcal

材料（おとな2人分＋こども2人分）

砂糖……大さじ5
しょうゆ……小さじ1/4
さつまいも……小2本（350g）
揚げ油……適量
黒炒りごま……少々

作り方

1. 鍋に砂糖、水1/4カップ（分量外）を入れて火にかける。粘りが出てきたら、しょうゆを加えて火を止める。
2. さつまいもは皮つきのまま食べやすい大きさの乱切りにする。
3. 160℃に熱した揚げ油で、2をこんがり色がつくまで揚げる。1に入れて蜜をからませる。から炒りした黒ごまを散らす。

グレープフルーツ

おとな 19kcal
こども 19kcal

材料（4人分／おとな、こども同量）

グレープフルーツ……1/2個
　（1人1/8個）

● 豚肉
● 中華麺、さつまいも、揚げ油
● キャベツ、にんじん、玉ねぎ、ピーマン、グレープフルーツ

POINT

大学いもにからめる蜜は、冷えると固まりやすいので、食べる直前に作るとよいでしょう。固まったら水を少し足して、火にかけて溶かしてください。

MENU 28

ごはんがおかわりしたくなる、具だくさんのボリュームおかず

ハヤシライスプレート

おとな 718kcal
こども 498kcal

ハヤシライス

材料（おとな2人分＋こども2人分）

おとな 575kcal
こども 383kcal

豚ロース肉（薄切り）……100g
玉ねぎ……1個
じゃがいも……1個
マッシュルーム缶……50g
サラダ油……小さじ1
ハヤシライスのルウ（市販品）……60g
バター……大さじ1/2
ごはん……茶わん4杯分

作り方

1. 豚肉はひと口大に切る。玉ねぎはくし型切りにする。じゃがいもは3cm角に切って水にさらす。マッシュルームは汁気をきる。
2. 鍋にサラダ油を熱し、玉ねぎ、豚肉、じゃがいもの順に炒める。マッシュルームと、かぶるくらいの水（分量外）を加え、野菜がやわらかくなるまで煮る。ルウとバターを入れ、とろみがつくまで煮込む。
3. 器にごはんと**2**を盛り合わせる。

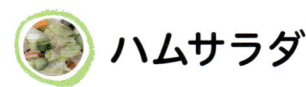

ハムサラダ

材料（おとな2人分＋こども2人分）

おとな 83kcal
こども 55kcal

ロースハム……3枚
キャベツ……3枚
にんじん……1/5本
きゅうり……1/3本
A　酢……小さじ1
　　砂糖……大さじ1/2
　　塩……小さじ1/3
　　サラダ油……小さじ2

作り方

1. ハムは1cm角に切る。キャベツは2cm角に、きゅうりは輪切り、にんじんはせん切りにする。
2. キャベツときゅうりはラップで包み、電子レンジで約1分ずつ加熱する。にんじんも同様に約2分加熱する。
3. 混ぜ合わせたAで、**1**、**2**をあえる。

ヨーグルト

材料（4人分／おとな、こども同量）

おとな 60kcal
こども 60kcal

ヨーグルト（加糖）……280g
（1人70g）

🔴 豚肉、ハム、ヨーグルト

🟡 ごはん、じゃがいも、バター

🟢 玉ねぎ、マッシュルーム、キャベツ、にんじん、きゅうり

POINT

ハヤシライスはとろみを強くして食べやすくしました。幼稚園では豚肉を使っていますが、ご家庭で牛肉で作るときは仕上げのバターを省いてください。

MENU 29

手間ひまかけて作る郷土料理は、こどもの心に残るお袋の味

信田袋煮とけんちん汁

おとな 704kcal
こども 431kcal

信田袋煮 (しのだふくろに)

材料（おとな2人分+こども2人分）

おとな 320kcal
こども 175kcal

油揚げ……3枚
かんぴょう（乾）……10g
焼きちくわ……1本
しらたき……1/3玉（100g）
にんじん……1/4本
たけのこ（水煮）……30g
ごぼう……5cm
サラダ油……小さじ1
豚ひき肉……100g
だし汁（かつお・昆布）……1/2カップ
A｜砂糖……大さじ2
　｜しょうゆ……大さじ1
B｜砂糖……大さじ1
　｜しょうゆ……小さじ2

作り方

1. 油揚げは半分に切り、袋状に開く。熱湯にくぐらせて油抜きする。かんぴょうは塩でよくもみ洗いする。ちくわは長さを半分に切ってから斜め半分に切る。
2. しらたきは熱湯にくぐらせて2cm長さに切る。にんじん、たけのこは2〜3cmのせん切りにする。ごぼうはささがきにして水にさらす。
3. 鍋にサラダ油を熱し、豚肉を炒める。**2**を炒め合わせ、Aで調味する。
4. 油揚げに**3**の汁気をきって詰め、かんぴょうで結んで袋を閉じる。
5. 鍋にだし汁、**3**で残った汁、**4**、ちくわを入れ、かぶるくらいの水を足す。Bを加え、落としぶたをして約30分煮る。
（こども1人1個、おとな1人2個）

けんちん汁

材料（おとな2人分+こども2人分）

おとな 69kcal
こども 46kcal

鶏もも肉（皮つき）……50g
大根……2〜3cm
にんじん……1/8本
ごぼう……10cm
小松菜……1株
木綿豆腐……1/6丁
ごま油……適量
だし汁（かつお・昆布）……4カップ
しょうゆ……大さじ1
塩……小さじ1/2

作り方

1. 鶏肉はひと口大に、大根、にんじんはいちょう切りにする。ごぼうはささがきにして水にさらす。小松菜は2cm幅に切る。
2. 豆腐は2cm角に切る。
3. 鍋にごま油を熱し、鶏肉を炒める。残りの**1**を加えて炒め合わせる。
4. だし汁を加え、煮たったらアクを取って弱火にする。やわらかくなるまで煮て、しょうゆと塩で調味する。**2**を加え、さっと煮る。

みかん缶

材料（おとな2人分+こども2人分）

おとな 48kcal
こども 32kcal

みかん缶……200g
（こども1人40g、おとな1人60g）

ごはん

材料（おとな2人分+こども2人分）

おとな 267kcal
こども 178kcal

ごはん……茶わん4杯分

● 豚肉、鶏肉、油揚げ、ちくわ、豆腐
● ごはん
● にんじん、たけのこ、ごぼう、大根、小松菜、しらたき、みかん

POINT

信田袋煮とけんちん汁の具が一部かぶっていますが、形や味を変えることで、飽きない献立になっています。けんちん汁は里いもを加えてもおいしい。

MENU 30

食の細い子でもパクパク食べられる！甘辛い具だくさんあんかけ

五目あんかけ焼きそば

おとな 701kcal
こども 544kcal

五目あんかけ焼きそば

材料（おとな2人分+こども2人分）

おとな 470kcal
こども 313kcal

豚バラ肉（薄切り）……80g
えび（むき身）……4尾
にんじん……1/5本
玉ねぎ……1/4個
キャベツ……2枚
たけのこ（水煮）……25g
もやし……50g
かまぼこ……50g
サラダ油……小さじ3
水溶き片栗粉（片栗粉大さじ1、水大さじ1）
蒸し中華麺……3玉（450g）

A｜顆粒中華だしの素……大さじ1
　｜塩……小さじ1
　｜砂糖……大さじ1/2
　｜しょうゆ……小さじ2

作り方

1. 豚肉は食べやすい大きさに切る。えびは背ワタを取り、厚みを半分に切る。
2. にんじん、玉ねぎ、キャベツは2cm角に、たけのこ、かまぼこは太めのせん切りにする。
3. フライパンにサラダ油小さじ2を熱し、豚肉を炒める。にんじん、玉ねぎ、えびを加えて炒め合わせ、野菜がやわらかくなったら、たけのこ、かまぼこ、キャベツ、もやしを炒める。水1/2カップ（分量外）を加えて炒め合わせる。
4. Aで調味し、水溶き片栗粉でとろみをつける。
5. フライパンにサラダ油小さじ1を熱し、中華麺を炒めてほぐす。器に盛り、**4**をかける。

しょうゆ煮卵

材料（4人分／おとな、こども同量）

おとな 87kcal
こども 87kcal

しょうゆ……大さじ1
みりん……大さじ1
だし汁（かつお・昆布）……1カップ
ゆで卵……4個

作り方

1. 鍋にしょうゆとみりん、だし汁を入れてひと煮たちさせる。
2. ゆで卵はからをむき、2〜3時間、味が染み込むまで**1**に漬ける。

牛乳

材料（4人分／おとな、こども同量）

おとな 134kcal
こども 134kcal

牛乳……4カップ
（1人1カップ）

さくらんぼ

材料（4人分／おとな、こども同量）

おとな 10kcal
こども 10kcal

さくらんぼ……8粒
（1人2粒）

● 豚肉、えび、かまぼこ、卵、牛乳
● 中華麺、サラダ油
● にんじん、玉ねぎ、キャベツ、たけのこ、もやし、さくらんぼ

POINT

あんかけを作るときは、肉やにんじんを先に炒め、キャベツやもやしは最後に加えて。炒めすぎないよう、シャキッと食感を活かして仕上げてください。

MENU 31

大きく切ったホクホクのおいもがたっぷり！肉や魚がなくても満腹

ちくわのチーズフライと さつまいもごはん

おとな 861kcal
こども 449kcal

ちくわのチーズフライ

材料（おとな2人分+こども2人分）

おとな 302kcal
こども 151kcal

焼きちくわ……3本
プロセスチーズ……60g
衣 ┃ 小麦粉……大さじ3
　 ┃ 溶き卵……1個分
　 ┃ パン粉……大さじ5
揚げ油……適量

作り方

1. ちくわは長さを半分に切り、斜め半分に切る。
2. ちくわの穴の大きさに合わせてチーズを棒状に切り、ちくわの穴に詰める。
3. 小麦粉、溶き卵、パン粉の順に衣をつけ、180℃に熱した揚げ油で揚げる。
（こども1人1/2本、おとな1人1本）

さつまいもごはん

材料（作りやすい分量）

おとな 484kcal
こども 242kcal

米……2合
塩……小さじ2/3
さつまいも……1 1/2本
揚げ油……適量
黒炒りごま……小さじ1（山盛り）

作り方

1. 米は炊く30分以上前に洗って炊飯釜に入れ、2合分の水加減にする。塩を加えて炊く。
2. さつまいもは皮つきのまま、1cm角に切る。170℃に熱した揚げ油で素揚げする。
3. 炊きあがったごはんに**2**を混ぜ、ごまをふる。

厚揚げとろみ汁

材料（おとな2人分+こども2人分）

おとな 57kcal
こども 38kcal

厚揚げ……2/3枚
にんじん……1/6本
長ねぎ……10cm
小松菜……1株
もやし……100g
だし汁（かつお・昆布）……4カップ
塩……小さじ1/2
しょうゆ……大さじ1
水溶き片栗粉（片栗粉小さじ2、水小さじ2）

作り方

1. 厚揚げは1cm幅の長方形に切る。にんじんはいちょう切り、長ねぎは小口切りにする。小松菜は2cm幅に切る。
2. 鍋にだし汁を入れて火にかけ、煮たったらにんじんを入れる。ひと煮たちしたら、厚揚げ、長ねぎ、もやし、小松菜を入れ、塩としょうゆで調味する。
3. 煮たったら、汁をかき混ぜながら水溶き片栗粉をまわし入れる。

ぶどう

材料（4人分／おとな、こども同量）

おとな 18kcal
こども 18kcal

ぶどう……8粒
（1人2粒）

● ちくわ、チーズ、厚揚げ
● ごはん、さつまいも
● にんじん、長ねぎ、小松菜、もやし、ぶどう

POINT

汁ものにとろみをつけると、こどもでも食べやすくなり、体を温める効果もアップ。寒い日は、ほかの汁ものにも応用してみてください。

みどり幼稚園の食育カリキュラム

心身ともに調和のとれた発育のために「食育」は欠かせません。おはしを使う練習や食べ物がカラダにとってどう働くのか？といったお話会はもちろん、楽しく食べるイベントや調理する機会をたくさんもうけ、食への興味を高めます。

平成24年度食育指導計画

	年少(3歳)	年中(4歳)	年長(5歳)
1学期	園に慣れる	新しいクラスに慣れる	食べ物の役割を知る(6月) 野菜作り（米、じゃがいもなど） 誕生会（保護者と会食） 一泊保育：おにぎりパーティ、スイカ割り 預かり保育：カレー作り、おやつ作り
2学期	給食に慣れる フォークからおはしに切り替え (10月) 縦割り保育バイキング給食 祖父母と会食	楽しくみんなと食べる 縦割り保育バイキング給食 祖父母と会食	食べ物の"赤・緑・黄" 3つのグループについて ごはんのおいしさを知る （炊きたてごはんでおにぎり作り） 縦割り保育バイキング給食 祖父母と会食 誕生会（保護者と会食）
3学期	楽しく食べる 年中・年長と縦割りで会食 保護者と会食	なぜ、いろいろ食べるのかな (3月) 年少・年長と縦割りで会食 父親と会食	餅つき 食べ物とカラダについて(2〜3月) リクエスト給食メニュー募集(2月) セレクト給食（年少・年中のお世話をし、会食） 父親と会食 誕生会（保護者と会食）

白玉団子作り

これが白玉団子になるんだよ〜

ホットケーキ作り

うまく焼けるかな〜!?

カレー作り

玉ねぎの皮をムキムキ

第2章
ひと手間でおいしい！
アイデア・レシピ11

おとな 406kcal
こども 203kcal

カロチンたっぷり！にんじん嫌いも残さず食べる人気ごはん
にんじんごはん

材料（おとな2人分+こども2人分）

米……2合
にんじん……1/2本
A ｜ しょうゆ……小さじ2
　｜ 酒……小さじ2
　｜ サラダ油……小さじ2
　｜ 塩……小さじ1/2

作り方

1. 米は洗って炊飯釜に入れ、2合分の水（分量外）を入れる。
2. にんじんはすりおろし、Aとともに1に入れる。全体を混ぜて炊く。

● 米
● にんじん

お米と炊くことで、にんじんの青臭さが抜け、甘みがぐっと引き出されます。

おとな 430kcal
こども 215kcal

節分の豆まきの大豆で作ったごはん。魔法のことば「福は内、鬼は外♪」をかけて

豆ごはん

材料（おとな2人分+こども2人分）

米……2合
にんじん……1/3本
油揚げ……2/3枚
大根の葉……少々
炒り大豆……15g
白炒りごま……小さじ1 1/2
A ┃ しょうゆ……大さじ2/3
　 ┃ 塩……小さじ1/2
　 ┃ 酒……小さじ1

作り方

1. 米は洗って炊飯釜に入れ、2合分の水（分量外）を入れる。
2. にんじんはいちょう切り、油揚げは油抜きして縦半分に切ってからせん切りにする。大根の葉は熱湯でゆでてみじん切りにする。
3. にんじん、油揚げ、炒り大豆、Aを**1**に入れる。約30分おいてから炊く。炊きあがったら大根の葉を混ぜ、ごまをふる。

● 炒り大豆、油揚げ
● 米、ごま
● にんじん

大根の葉はゆでてみじん切りにした状態で冷凍しておくと便利です。

おとな 200kcal
こども 133kcal

おやつにも、お父さんのおつまみにもぴったり！

レバーかりんとう

材料（おとな2人分+こども2人分）

豚レバー……200g
牛乳……適量
A ┃ しょうが汁……大さじ1
　┃ しょうゆ……大さじ3
　┃ みりん……大さじ1 1/2
片栗粉……大さじ2
小麦粉……大さじ2
揚げ油……適量

作り方

1. レバーは牛乳にひたし、約1時間おく。汁気をきり、約4cmの長さの細い棒状に切る。
2. バットに**1**を入れてAをからめ、冷蔵庫でひと晩～3時間漬ける。
3. レバーをざるにあけて汁気をきる。片栗粉と小麦粉を合わせ、レバーにまぶしつける。180℃に熱した揚げ油で揚げる。

● レバー

牛乳にひたすことでレバーの臭みをオフ。前日の夜に漬け込むと、さらに◎。

おとな 297kcal
こども 179kcal

もち米をまぶして蒸した中華風の点心。見た目もキュート！
もちもちだんご

材料（おとな2人分+こども2人分）

もち米……2/3カップ
玉ねぎ……1/4個
にんじん……1/8本
豚ひき肉……200g
溶き卵……1/2個分
しょうが汁……小さじ2
A｜ 塩……少々
　｜ 酒……小さじ1/3
　｜ しょうゆ……小さじ1
　｜ 片栗粉……小さじ2

作り方

1. もち米は洗って約1時間水にひたし、水気をきる。
2. 玉ねぎ、にんじんはみじん切りにし、ボウルに入れる。豚ひき肉、卵、しょうが汁を加え、よくこねる。
3. Aを加えてさらにこね、16等分にする。丸く形を整え、もち米をまぶしつける。
4. 蒸気のたった蒸し器で約25分、もち米が透明になってやわらかくなるまで蒸す。
（こども1人3個、おとな1人5個）

● 豚肉
● もち米
● 玉ねぎ、にんじん

お肉にもち米をまぶせば、ごはんがあまり食べられない子でもペロリと完食できます。

おとな 131kcal
こども 87kcal

つるんとした食べごこちが、おいしくて楽しい♪
包まないワンタンスープ

材料（おとな2人分+こども2人分）

小松菜……1株
玉ねぎ……1/4個
白菜……大1/2枚
だし汁（かつお・昆布）
　……4カップ
ワンタンの皮……16枚
A｜鶏ひき肉……80g
　｜溶き卵……1/2個分
　｜しょうゆ……小さじ1
　｜塩……少々
　｜片栗粉……大さじ1
B｜塩……小さじ1/2
　｜しょうゆ……大さじ1
　｜鶏がらスープの素……小さじ1

作り方

1. 小松菜は2cm長さに、玉ねぎはみじん切り、白菜は3cm角に切る。
2. ボウルにA、玉ねぎを入れてよくこね、ひと口大のだんごにする。
3. だし汁を火にかけ、煮立ったら**2**をゆでる。肉だんごが浮いてきたら、いったんすくい出す。
4. だし汁にBを加えて調味し、白菜を煮る。小松菜、ワンタンの皮を加え、最後に肉だんごを戻し入れてさっと煮る。

● 鶏肉
● ワンタンの皮
● 小松菜、玉ねぎ、白菜

肉を包まないほうが調理時間が短縮でき、こどもにとっても食べやすいようです。

おとな 484kcal
こども 242kcal

うなぎみたい！と、クセのある青魚も人気の味に
さんまのかば焼き

材料（おとな2人分＋こども2人分）
さんま……3尾（約300g）
A
- しょうゆ……大さじ1/2
- 酒……大さじ1/2
- しょうが汁……小さじ2

B
- しょうゆ……大さじ1
- みりん……小さじ1/2
- 砂糖……大さじ2
- 酒……小さじ1

水溶き片栗粉
（片栗粉小さじ1、水小さじ1）
小麦粉……大さじ3
揚げ油……適量

作り方
1. さんまは3枚におろして長さを半分に切り、Aに約30分漬ける。
2. 小鍋にBを合わせ、ひと煮立ちさせ、水溶き片栗粉を加え、とろみをつける。
3. 小麦粉を1にまぶす。180℃に熱した揚げ油で約3分揚げ、2にくぐらせる。

（こども1人2切れ、おとな1人4切れ）

● さんま

しょうが風味の下味をしっかりしみこませることで、青魚のクセが抜けます。

おとな **262**kcal
こども **131**kcal

おからをコロッケにした、埼玉のご当地おかずをアレンジ

ゼリーフライ

材料（おとな2人分+こども2人分）

じゃがいも……大1個（240g）
にんじん……1/4本
玉ねぎ……1/2個
おから……180g
A ┃ 小麦粉……大さじ4
　 ┃ 溶き卵……1/3個分
　 ┃ 塩……少々
　 ┃ こしょう……少々
揚げ油……適量
みりん……小さじ2
中濃ソース……大さじ2

作り方

1. じゃがいもはやわらかく蒸してつぶす。にんじん、玉ねぎはみじん切りにする。おからはよくこねて空気を抜く。
2. ボウルに1を入れてよくこねる。Aを加えてよくこね、6等分して小判型に形を整える。
3. 160℃に熱した揚げ油で、きつね色になるまで揚げる。
4. みりんと中濃ソースを混ぜ合わせ、3をくぐらせる。

（こども1人1個、おとな1人2個）

● おから
● じゃがいも
● にんじん、玉ねぎ

ソースにみりんを加えて、甘めに仕上げるのがコツ。白いごはんもすすむ味。

おとな 270kcal
こども 135kcal

みそとしょうゆの和風味。こどもも喜ぶ、ふわっふわの食感！

豆腐ハンバーグ

材料（おとな2人分＋こども2人分）

木綿豆腐……1 2/3丁（500g）
にんじん……1/3本
万能ねぎ……1本
鶏ひき肉……100g
A ┃ 溶き卵……1/3個分
　 ┃ 砂糖……大さじ1
　 ┃ みそ……大さじ1
　 ┃ しょうゆ……小さじ2
サラダ油……適量

作り方

1. 豆腐はペーパータオルで包み、重石を約30分のせて水きりする。
2. にんじん、万能ねぎはみじん切りにする。
3. ボウルに鶏ひき肉と**2**を入れ、ハンバーグを作る要領でこねる。水気を絞った**1**とAを加えてよくこね、6等分にして小判型に形を整える。
4. フライパンにサラダ油を熱し、**3**の両面を焼く。

（こども1人1個、おとな1人2個）

● 豆腐、鶏肉
● にんじん、万能ねぎ

豆腐の水気をしっかり絞ることで、薄味仕立てでも味がぼやけません。

おとな 186kcal
こども 124kcal

いろいろな野菜が、おやつ感覚でパクパク食べられる

野菜チップス

材料（おとな2人分+こども2人分）

さつまいも……1/3本
じゃがいも……1/3個
かぼちゃ……150g
にんじん……1/4本
れんこん……50g
揚げ油……適量
塩……適量

作り方

1. 野菜はすべて皮つきのまま薄い輪切りにする。
2. 水にさらし、水気をきる。
3. 160℃に熱した揚げ油で素揚げする。好みの加減で塩をふる。

● さつまいも、じゃがいも
● かぼちゃ、にんじん、れんこん

にんじんはパリッと揚がらなくても、油をきっている間に水分が飛びます。

おとな 150kcal
こども 100kcal

牛乳嫌いの子もツルンと食べられちゃう、ほんのり甘い優しい味

牛乳寒天

材料（おとな2人分＋こども2人分）

A
- 水……220ml
- 粉寒天……小さじ1
- 砂糖……大さじ1 2/3

牛乳……280ml
もも缶（黄桃）……80g

B
- 砂糖……大さじ5
- 水……大さじ4

作り方

1. 鍋にAを入れて火にかけ、砂糖を溶かす。牛乳を加えて人肌に温める。
2. バットなどの容器（約10×10cm）の内側を水でぬらし、1を流し入れる。粗熱がとれたら冷蔵庫で冷やし固める。
3. 小鍋にBを入れて煮詰め、シロップを作る。
4. ももはひと口大に、2は1cm角に切り、3と混ぜ合わせる。

● 牛乳
● 寒天、もも

園ではもも缶を使いますが、ほかのフルーツ缶やメロンなどを混ぜても◯。

- 天の川スープの具は短冊とお星さま。イベントらしい献立で、食事を楽しんで！
七夕祭りのさけちらしスペシャル

おとな 695kcal
こども 470kcal

さけちらし

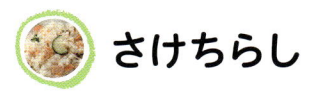

材料（おとな2人分+こども2人分）

おとな 345kcal
こども 230kcal

塩ざけ（切り身）……2切れ（約80g）
きゅうり……1/5本
ハム……2枚
ごはん……茶わん4杯分
白炒りごま……小さじ2
A ┃ 酢……大さじ2
　┃ 砂糖……大さじ1
　┃ 塩……小さじ1/2

作り方

1. さけは魚焼きグリルで焼き、細かくほぐす。きゅうりは半月切り、ハムはみじん切りにしてラップで包み、それぞれ電子レンジで約1分ずつ加熱する。
2. 小鍋にAを合わせてひと煮立ちさせる。炊きたてのごはんにまわしかけ、切るようにごはんを混ぜて酢めしを作る。
3. 酢めしに**1**とごまを加えて混ぜる。

天の川スープ

材料（おとな2人分+こども2人分）

おとな 68kcal
こども 45kcal

オクラ……2本
大根……1cm
にんじん……1/8本
そうめん（乾麺）……1/2束（50g）
だし汁（かつお・昆布）……4カップ
しょうゆ……大さじ1
塩……小さじ1/2

作り方

1. オクラは輪切り、大根、にんじんは短冊切りにする。そうめんは半分に折ってゆでる。
2. 鍋にだし汁、大根、にんじんを入れてやわらかくなるまで煮る。
3. オクラを加えて、しょうゆと塩で調味し、そうめんを加える。

えびと根菜のかき揚げ

材料（おとな2人分+こども2人分）

おとな 260kcal
こども 173kcal

えび（むき身）……4尾
玉ねぎ……1/4個
かぼちゃ……50g
さつまいも……1/4本
にんじん……1/6本
ピーマン……小1個
揚げ油……適量
A ┃ 溶き卵……1/2個分
　┃ 小麦粉……80g
　┃ 水……80ml
　┃ 塩……少々

作り方

1. えびは背わたを取り、食べやすい大きさに切る。
2. 玉ねぎは薄切り、かぼちゃ、さつまいも、にんじん、ピーマンはせん切りにする。
3. ボウルにAを合わせ、混ぜる。**1**と**2**を加え、さっくり混ぜる。
4. スプーンで**3**をすくい、180℃に熱した揚げ油に落とし入れ、カラリと揚げる。

フルーツ

材料（4人分／おとな、こども同量）

おとな 22kcal
こども 22kcal

すいか……4切れ
（1人1切れ）

● さけ、ハム、えび
● 米、さつまいも、そうめん
● 玉ねぎ、かぼちゃ、にんじん、ピーマン、オクラ、大根、すいか

POINT

さけちらしのきゅうりとハムは、お好みで蒸さなくてもOK。かき揚げを揚げるとき、一気に天たねを入れると油の温度が下がってしまいます。様子をみて、少しずつ揚げるとカラリと仕上がるでしょう。

栄養の3色グループ別 献立早見表

赤グループ

おもに血や肉、骨になり、カラダをつくるもとになる。

【豚肉】
肉だんごあんかけ	44
ロールキャベツ	54
豚肉のみそカツ	60
信田袋煮	72
レバーかりんとう	82
もちもちだんご	83

【鶏肉】
マカロニチキングラタン	36
鶏のから揚げ	38
チキン南蛮	52

【魚介】
さけのマヨネーズ焼き	26
白身魚のカレー風味揚げ	50
ししゃもフリッター	56
きすの天ぷら	64
ちくわのチーズフライ	76
さんまのかば焼き	85
えびと根菜のかき揚げ	90

【卵】
千草焼き	24
茶わん蒸し	30
しょうゆ煮卵	74

【豆腐・大豆製品】
豆腐だんご	32
ゼリーフライ	86
豆腐ハンバーグ	87

黄グループ

おもにカラダを動かすエネルギーのもとになる。

【ごはん】
ビビンバ	18
きんぴらごはん	24
五目いなりずし	30
しらすごはん	32
さけごはん	34
たけのこごはん	38
菜めし	40
チキンライス	46
ベーコンピラフ風	50
しめじごはん	56
わかめごはん	60
ドライカレー	62
ハヤシライス	70
さつまいもごはん	76
にんじんごはん	80
豆ごはん	81
さけちらし	90

【パン】
卵サンド	20、66
フルーツサンド	20
ジャムサンド	54
ハムサンド	66

【麺】
コーンクリームスパゲティ	22
ジャージャー麺	28
カレーうどん	42
ミートソーススパゲティ	48
野菜うどん	64
塩焼きそば	68
五目あんかけ焼きそば	74

【いも】
じゃがいものうま煮	34
さつまいものコロッケ	58
さつまいもの天ぷら	64
大学いも	68

こどもの食事には、栄養の3色グループ「赤・黄・緑」の食材を
バランスよく用いることが大切です。毎日の献立作りに役立ててください。

緑グループ

おもにカラダの調子を整えるもとになる。

【野菜のメインおかず】

トマトとなすのラザニア	16
みそおでん	40
ラタトゥイユ	58
ボルシチ	66

【野菜のサブおかず】

シーフードサラダ	16
わかめサラダ	18
マカロニサラダ	20
かぼちゃのサラダ	22
白菜のおかかあえ	24
中華風サラダ	28
ちくわサラダ	32
コーンサラダ	36
いんげんのごまあえ	38
キャベツのごまあえ	40
ツナサラダ	42
五目野菜炒め	44
ゴロゴロサラダ	48
ひじき春雨サラダ	52
菜の花の甘酢和え	60
ブロッコリーとコーンのサラダ	62
ビーンズサラダ	66
ハムサラダ	70
野菜チップス	88

【スープ／汁もの】

かぼちゃのスープ	20
ポトフ	26
菜の花のすまし汁	30
かき玉汁	34
わかめスープ	38
白いんげん豆のスープ	46
ミネストローネスープ	50
のっぺい汁	56
けんちん汁	72
厚揚げとろみ汁	76
包まないワンタンスープ	84
天の川スープ	90

【フルーツ／スイーツ】

フルーツのシロップあえ	28
プチパフェ	52
フルーツポンチ	62
牛乳寒天	89

食材の分量の目安

この本では、野菜や豆腐などを使う目安がわかりやすいように、なるべくグラム数ではなく個数表示にしています。詳しい分量については以下の表を参照ください。

キャベツ	1枚	50g
きゅうり	1本	150g
ごぼう	1cm	5g
小松菜	1株	50g
さつまいも	1本	200g
里いも	1個	50g
じゃがいも	1個	200g
ズッキーニ	1本	200g
大根	1cm	30g
玉ねぎ	1個	200g
トマト	1個	100g
なす	1本	60g
にんじん	1本	200g
バナナ	1本	120g
ピーマン	1個	30g
ブロッコリー	1株	200g
ほうれん草	1株	50g
白菜	1枚	100g
さけ	1切れ	100g
塩さけ	1切れ	40g
たら	1切れ	100g
ウィンナー	1本	20g
ハム・ベーコン	1枚	20g
卵	S1個	50g
しらす干し	小さじ1	5g
豆腐	1丁	300g
油揚げ	1枚	30g
厚揚げ	1枚	120g
焼きちくわ	1本	100g
板こんにゃく	1枚	200g
米 1合	180ml	150g

※料理のカロリー計算は、この表に基づいたグラム数で計算しました

この本を使用するにあたって

●本誌で使用している計量カップは200ml、計量スプーンは大さじ15ml、小さじ5mlです。
●電子レンジの加熱時間は、出力600Wの電子レンジを使用した場合の目安です。

おわりに

孤食や子どもだけの食卓が日常化している現代。
「いただきます」や「ごちそうさま」といった
感謝の気持ちが見えなくなってしまっています。悲しいことです。
食べることは生きることであり、そこには作る人、食べる人の
「心」があることを忘れてはならないと思います。
大切なことは「一緒に食べる」ことで、
子どもの日々の成長や変化を観察し、会話することではないでしょうか。

私は、「食べる」ことも「作る」ことも大好きですので、
自分の子どもにも幼稚園の子どもたちにも、
「おいしいねー」と豪快にモリモリ食べる姿を見せてきました。
「以心伝心」、よく食べる我が子に、
よく食べるクラスの子どもたちに、つながりました。
心身が元気でなければ「おいしさ」は伝わりません。
「食べる気」もでません。元気の源は食べることです。

たったの1品でも、「ママと一緒に食べる！」
「大好きなママも食べてるから きっとおいしいんだ！」と
子どもが楽しみや食べようとする気持ちが持てます。
どうぞ根気よく「食つながり」をしていっていただきたいと
心から願っております。

特に思春期にも「食つながり」が大切で、
「食」イコール「愛情」と母親に教えられました。
本当にそう思います。「食育」とは奥が深いものですね。

最後になりましたが、この本の出版に関しまして
心より感謝と御礼を申し上げます。
「心」の宝物！ 一冊のレシピ本を本当にありがとうございました。

2012年6月
みどり幼稚園 園長 松原好子

STAFF

編集　　　嶺月香里
写真　　　末松正義
デザイン　大森由美
調理　　　みどり幼稚園 給食室
　　　　　　（馬場維美、森川千以子）

食器提供　鳴海製陶株式会社（ガラス食器を除く）
　　　　　http://www.narumi.co.jp　　NARUMI

日本女子体育大学附属
みどり幼稚園の偏食解消！給食レシピ

2012年6月25日　初版第1刷発行
2018年8月5日　初版第4刷発行

著者　　　みどり幼稚園
編集　　　上野建司
発行者　　佐野 裕
発行所　　トランスワールドジャパン株式会社
　　　　　〒150-0001 東京都渋谷区神宮前6-34-15 モンターナビル
　　　　　TEL 03-5778-8599　FAX 03-5778-8743
印刷・製本　日経印刷株式会社
　　　　　Printed in japan

©Transworld Japan Inc.2012
ISBN978-4-86256-103-9

◎定価はカバーに表示されています。
◎本書の全部または一部を著作権法上の範囲を超えて無断で複写、複製、転載、あるいはファイルに落とすことを禁じます。
◎乱丁・落丁本は、弊社出版営業部までお送りください。送料当社負担にてお取り替えいたします。